Jean-Baptiste Laroudie.

JEAN-BAPTISTE LAROUDIE.

CRUCE ET CALAMO.

VIE

DE

Jean-Baptiste Laroudie

DU TIERS-ORDRE DE ST-FRANÇOIS D'ASSISE

Membre des Conférences de St-Vincent de Paul

par ROGER DES FOURNIELS, t. o. p.

Préface de M. l'abbé Garnier, "l'Apôtre de l'Usine."

QUATRIÈME ÉDITION.

Justus ut palma florebit.

Société de Saint-Augustin,

DESCLÉE, DE BROUWER ET CIE.

LILLE.

A Monsieur L. Harmel,

Le Père des Ouvriers.

Monsieur,

Permettez-moi de vous dédier la Vie de Jean-Baptiste Laroudie, *le saint ouvrier que Limoges a perdu le mercredi 18 décembre 1889.*

Vous avez de nombreuses et douces attaches dans cette ville qu'édifia si longtemps celui dont j'ai entrepris d'écrire la vie, pour répondre aux désirs de toute une population : tout ce qui s'y passe vous touche particulièrement, vous y venez souvent (pas aussi souvent que nous le voudrions cependant), vous y retrouvez toujours avec plaisir les hommes d'œuvres et les ouvriers qui vous aiment et vous respectent ; dès lors, un livre parlant de Limoges et d'un Limousin ne saurait vous laisser indifférent.

Mais mon travail a un caractère spécial.

Laroudie était un ouvrier, un de ces petits au service desquels vous vous êtes si généreusement mis ; il était aussi un grand chrétien, et mon but en écrivant sa vie a été, tout en rendant hommage à ses héroïques vertus, de le proposer comme modèle à la classe ouvrière ; or mon premier devoir n'est-il pas de dédier mon ouvrage à celui qu'on a si justement nommé le Père des Ouvriers, et de lui dire : Voilà ce qu'était l'un de ceux que vous aimez !

Acceptez donc, Monsieur, la dédicace de ce petit volume, et daignez agréer en même temps l'expression bien sincère de mes sentiments de profond respect.

R. DES FOURNIELS.

t. o. p.

APPROBATION
de Sa Grandeur Mgr RENOUARD
ÉVÊQUE DE LIMOGES.

ÉVÊCHÉ DE LIMOGES.

Monsieur,

J'APPROUVE et recommande bien volontiers la *Vie de Jean-Baptiste Laroudie*. C'est une œuvre de foi et de piété, de simple et aimable littérature. Vous avez eu le privilège, dans les épanchements de l'amitié de mettre la main sur ce cœur vibrant d'ouvrier ; vous avez pénétré cette âme généreuse, énergique, ardente et même impétueuse, mais délicate, cordiale, tendre à ses heures, et qui d'un élan spontané allait, d'un bond, de toute chose et de toute rencontre à JÉSUS-CHRIST. Vous étiez fait pour en comprendre le ressort surnaturel. Aussi bien, nous donnez-vous un beau et fidèle portrait du vaillant chrétien. C'est bien lui, avec sa foi lumineuse et son langage abrupt, avec son esprit si personnel et sa candide docilité, avec son besoin dévorant d'apostolat, sa résistance obstinée à tous les biais, à toute demi-mesure, à tout ce qui est faux ou malsain, et cependant toujours humble, actif sans être tumultueux, sensible et compatissant à toute souffrance. De cette vie si cachée dans des circonstances médiocres, vous avez dégagé, groupé, mis en heureux relief bon nombre d'anecdotes qui lui donnent une grande physionomie et en font une prédication populaire ; vous l'avez encore éclairée par des citations de lettres où cette âme si forte et si pieuse se livre sans méfiance. Pour attirer l'attention sur cette noble existence et imposer le respect, il suffisait d'être vrai ; votre livre est par surcroît gracieux et élégant. Tous les nobles cœurs resteront fidèles à la mémoire si pure, si édifiante de Laroudie, et béniront la plume convaincue et élégante qui nous la conserve. Les ouvriers de nos Cercles, les membres du Tiers-Ordre Franciscain seront fiers de leur frère et admireront cet exemple si proportionné, si communicatif, par suite si fécond.

Vous joignez à cet ouvrage un pressant appel en faveur des enfants déshérités de la douce et reposante atmosphère catholique, en vous efforçant d'établir l'œuvre des catéchismes privés. Vous n'ignorez pas, Monsieur, que d'admirables efforts ont déjà produit dans ma ville épiscopale des résultats vraiment consolants. Je bénis votre inspiration, je bénirai avec élan et reconnaissance les âmes choisies, les semeurs d'idées et de force, qui entreprendront ce labeur de régénération et de salut, et rendront la vérité et l'amour à des intelligences et à des cœurs qui en sont inconsciemment avides.

Courage donc et succès à vos désirs et à votre œuvre charmante.

Je vous prie d'agréer, Monsieur, mes sentiments très distingués et affectueux en N.-S.

† FIRMIN,

Évêque de Limoges.

Limoges, le 30 mars 1890.

A Monsieur Roger des Fourniels, Limoges.

APPROBATION
du Très Rév. P. OTHON de PAVIE
Provincial de l'Ordre des Pères Franciscains

PARIS   29 mars 1890.

COUVENT DES FRANCISCAINS,

  83, rue des Fourneaux.

—✛—

Très cher et très honoré Monsieur,

JE viens de lire la vie de notre excellent tertiaire, Jean-Baptiste Laroudie.

Permettez-moi, très cher Monsieur, de vous féliciter et de vous remercier d'avoir su mettre si bien en lumière les grandes vertus de cet humble ouvrier. Vous l'avez montré exerçant un merveilleux apostolat au milieu de cette pauvre classe ouvrière que l'on s'efforce de pervertir par les plus mensongères doctrines. Apostolat de la parole, apostolat de la charité, surtout apostolat de l'exemple, Laroudie les a exercés tous avec le succès auquel ses funérailles et la presse catholique ont rendu un éclatant témoignage. Grâce à vous, très cher Monsieur, Laroudie continuera son apostolat. En lisant les pages que vous lui avez consacrées, *ce mort parlera, defunctus adhuc loquitur ;* ce fervent tertiaire franciscain, cet ouvrier laborieux, dira encore à ses frères que la pratique des vertus chrétiennes n'est nullement incompatible avec les peines et les fatigues de la classe ouvrière, mais au contraire qu'elle les allège et les sanctifie : il dira que JÉSUS-CHRIST, l'ouvrier modèle, est l'unique source de toute vraie fraternité. Aux prétendus savants de nos jours, libres-penseurs, esprits-forts, etc., etc., cet humble ouvrier, dont la ville de Limoges peut être justement fière, donnera l'unique solution des problèmes sociaux. JÉSUS-CHRIST obéi, JÉSUS-CHRIST aimé, JÉSUS-CHRIST imité.

Je fais des vœux ardents, très cher Monsieur, pour que cette intéressante biographie se répande au loin et soit lue attentivement, surtout par nos chers tertiaires ; ils ne manqueront pas, après cette vivifiante lecture, de se demander s'ils sont réellement dans la société ce qu'ils devraient être, s'ils y remplissent le rôle à la fois édifiant et militant que Léon XIII a assigné aux tertiaires franciscains ; vous leur présentez le modèle le plus actuel et le plus récent : soyez mille fois béni !

Daignez agréer, très cher et très honoré Monsieur, la nouvelle expression de mon profond respect et de mon religieux dévouement.

Frère OTHON de Pavie,
min. provincial.

A Monsieur Roger des Fourniels,
Rédacteur en chef de la *Gazette du Centre*,
Limoges.

A la lettre adressée par l'auteur de ce livre à M.
l'abbé GARNIER, le vaillant, l'infatigable apôtre de l'Usine et de l'Atelier, pour lui demander
une préface, M. Garnier a bien voulu répondre :

Reims, le 19 janvier 1890.

Monsieur et bien cher Confrère,

*C'est avec un véritable bonheur que je vous
envoie ce que vous me demandez.*

*Quelle bonne fortune de seconder une si géné-
reuse entreprise !*

*Agréez, Monsieur, tous mes meilleurs senti-
ments.*

E. GARNIER.

PRÉFACE.

*D*IEU veut nous sauver. Comment en douter encore quand on voit avec quelle persévérance il nous prodigue les moyens de le faire ? Par là je n'entends pas seulement les grâces, les œuvres et les institutions ; leur innombrable variété, en rapport avec tous les besoins de notre triste époque, n'est certes pas la moindre preuve de ce que j'avance. Mais il y en a une bien plus grande encore.

Le vrai moyen du salut, ce sont les hommes de Dieu, les hommes providentiels, et comme ils sont un fruit direct, indiscutable de l'action de la grâce, ils sont la preuve certaine de l'amour de Dieu à notre égard et de la volonté ferme qu'il a de nous sauver.

Les hommes providentiels sont comme des organes de la Providence, des instruments dont elle se sert pour faire son œuvre sur la terre.

On les reconnaît à ce signe qu'ils accomplissent l'œuvre de Dieu en observant strictement les lois que l'action de Dieu observe partout dans l'histoire.

Tous ne correspondent pas à leur mission, ils sont libres comme les autres et peuvent abuser des grâces de Dieu, retourner même contre le salut des âmes les forces qui leur sont généralement départies dans une plus large mesure pour le procurer. Mais quand ils sont fidèles, quand ils ont ouvert le sillon que la Providence leur avait confié, c'est un devoir de publier leur vie, moins pour glorifier leur courageuse fidélité que pour en multiplier les bons effets et faire mûrir la moisson que Notre-Seigneur a voulu donner par eux à son Église.

Les lois de l'action de Dieu que les hommes providentiels observent toujours fidèlement, peuvent se ramener à quatre : l'Évangile, l'Apostolat, la Pénitence et la Prière.

Comme ces lois ont trouvé leur accomplissement dans la vie de J.-B. Laroudie !

Il fut apôtre dans toute la force du mot ; il pratiquait l'apostolat et le faisait pratiquer ; il donnait, comme son divin Maître, l'exemple avant le précepte ; il dirigeait ses efforts tout à la fois sur le cœur des hommes pour les éclairer, les convertir ou les sanctifier et sur le cœur de Dieu pour en faire descendre les bénédictions sans lesquelles tout apostolat est forcément stérile.

Voilà toute sa vie.

C'est pourquoi il faut la faire connaître. C'est un modèle qui doit avoir des imitateurs ; mais comment l'imiter si on ne le connaît pas ?

Oui, étudions la vie de ces hommes que Dieu a choisis et marqués d'un signe spécial ; ils sont, comme des chefs de bataillons ou d'armées, destinés à former par leurs exemples et à entraîner à leur suite une foule d'âmes qui vivent à peu près dans les mêmes conditions, qui éprouvent les mêmes difficultés et dès lors peuvent être plus facilement amenées à les suivre.

Honneur aux hommes qui veulent bien mettre leur intelligence et leur plume au service de cette indispensable publicité ! Celui qui reçoit le prophète aura sa part dans la récompense du prophète. Que dire de celui qui complète l'action du prophète en vulgarisant sa pensée et en centuplant son action ?

L'Abbé GARNIER.

Si, dans le cours de ce volume, il nous arrivait d'employer des expressions telles que : *Saint* et *Miracle,* nous déclarons d'avance que nous ne leur attribuons que le sens d'une locution usuelle, et que nous n'avons en aucune façon la pensée de qualifier des faits dont l'Église a seule le droit et le pouvoir de définir le caractère.

Limoges, 3 janvier 1890.

R. DES FOURNIELS,

t. o. p.

Jean-Baptiste Laroudie.

CHAPITRE PREMIER.

L'Enfant.

LE XIXe siècle qui s'achève aura dans l'histoire une physionomie qui lui sera propre.

Il y apparaîtra comme un siècle de luttes ; luttes morales, bien entendu, ayant pour enjeu l'âme du peuple.

L'histoire de l'humanité nous prouve que toujours la vie fut un combat ; mais rarement l'assaut du mal contre le bien fut aussi nettement, aussi franchement donné qu'à notre époque.

Au siècle dernier, ce fut l'aristocratie française qui subit les coups de la philosophie voltairienne ; après elle, la bourgeoisie de 1830 n'échappe pas à l'infection ; depuis vingt ans c'est surtout dans la classe ouvrière que l'irréligion cherche ses victimes.

Au temps du luxe à outrance et de la haute incrédulité, un modeste artisan, né sur notre sol de France, opposa aux fruits des doctrines philosophiques et du plaisir ceux de sa pauvreté volontaire et de son angélique piété, Benoît Labre fut la grande protestation qui s'éleva contre les fautes et les erreurs des générations du XVIIIe siècle.

De nos jours, alors qu'au milieu de tant de ruines, le peuple, jusque-là inexpugnable, a été ébranlé par la révolution et est devenu la victime de doctrines épouvantables, véritablement sataniques, Dieu a permis qu'un obscur ouvrier se soit encore rencontré, dont la vie peut être considérée comme une protestation contre

les mœurs de son époque, en même temps que comme
un modèle à offrir à ceux qui lui ont survécu.

Aussi est-ce avec une joie profonde, avec un véritable sentiment d'allégresse, sentiment que seuls
comprendront bien ceux qui se sont donnés totalement
à l'œuvre de salut dont bénéficient la classe pauvre et
la classe ouvrière, qu'après avoir fouillé dans cette vie
d'humble travailleur, nous venons présenter au vrai
peuple de France l'histoire d'un des siens.

A ce peuple dont le cœur, en dépit des tempêtes
déchaînées contre lui, est toujours bon et malléable,
nous dirons dans ces pages : Regarde ! Voilà ce que
tu peux être quand tu sais vouloir !

Relève la tête, ouvrier ! quand tu veux, le signe de
la croix dont ton front a été marqué pour toujours au
baptême,.a des reflets éblouissants !

Sois fier ! quand tu veux, tu es mieux placé que
tout autre pour imiter fidèlement Celui qui, en venant
au monde pour nous racheter, a voulu vivre trente
ans dans un pauvre atelier !

Dieu, qui de toute éternité avait prévu qu'un jour
viendrait où l'âme des petits et des pauvres serait
convoitée et attaquée par Satan, avait également vu
qu'au milieu de toutes ces âmes, dont fort heureusement
beaucoup sont solides et saintes, il s'en trouverait une,
plus fortement trempée que ses sœurs, qui pousserait
la vertu jusqu'à l'héroïsme et pourrait être donnée
comme exemple aux autres.

Nous le remercions d'avoir permis, dans sa miséricorde infinie, que cet ouvrier modèle ait vu le jour au
centre de la France, dans une grande ville industrielle,
dans ce Limoges jadis si chrétien, et d'avoir poussé
la bonté jusqu'à nous y faire venir assez à temps pour
connaître et aimer son serviteur fidèle.

Que son saint nom en soit béni !

Puissent ces pages être écrites et lues pour sa plus grande gloire.

Ce qui ressortira surtout de cette vie d'un ouvrier catholique, c'est que, lorsque l'idée du devoir est fortement ancrée dans un cœur d'homme, lorsqu'elle

y est entretenue par la crainte de Dieu, ce cœur d'homme n'a plus de défaillances et est capable de grandes choses.

Le saint ouvrier de Limoges, âme ardente et rude, sut avant tout vaincre la nature ; il s'oublia pour ne penser qu'aux autres et resta toujours fidèle à son devoir ; aussi, à côté d'une régularité de vie exemplaire, à côté des qualités ordinaires aux bons chrétiens, germèrent en lui les vertus héroïques qui font les saints.

Imitateur de la charité de saint Vincent de Paul, pèlerin à l'exemple de saint Benoît Labre, il est venu à son heure pour servir de modèle aux riches comme aux pauvres, instruire les grands comme les humbles, pour faire surtout régner dans la sphère où il se mouvait le saint nom de JÉSUS-CHRIST.

Limoges, au moment où il y naquit, était encore la vieille ville chrétienne de Saint-Martial que nos pères ont connue.

Les corporations ouvrières y avaient survécu à la Révolution, les congrégations y étaient nombreuses, et on y vivait dans une atmosphère toute imprégnée de piété.

Monseigneur Du Bourg venait d'y mourir laissant une mémoire vénérée.

Nommé à l'évêché de Limoges après la signature du concordat, il avait rétabli l'exercice du culte dans nos églises, et, sous son épiscopat, le diocèse et la ville avaient repris avec plus d'ardeur que jamais les traditions séculaires un instant interrompues par la tourmente révolutionnaire.

Sa Grandeur, morte en 1822, avait été remplacée par Mgr de Pins, qui ne fit que passer dans le diocèse ; aussi quand Mgr de Tournefort prit possession du siège de Limoges, le 25 mai 1825, le souvenir des vertus de Mgr du Bourg était vivant dans tous les esprits, et son vénérable successeur recueillit les fruits abondants de son fécond épiscopat.

C'est à cette époque que naquit celui dont on va lire l'histoire.

Son père, bien que n'étant pas ce qu'on peut appeler un homme pieux, avait cependant des habitudes régulières, assistant à la messe les dimanches et fêtes, et laissant à sa compagne toutes les facilités qu'elle pouvait désirer pour satisfaire les saintes aspirations de sa piété.

Cette excellente femme, originaire de Solignac, s'appelait Marcelle Guitard.

Elle avait épousé François Laroudie et, tandis que son mari faisait le métier de camionneur, *chargeur*, comme on dit à Limoges, elle tenait elle-même un petit magasin d'épicerie, situé en face de la caserne des dragons.

Vers 1824, des circonstances particulières obligèrent les époux Laroudie à changer de logement ; ils allèrent s'installer faubourg du Pont Saint-Martial, tout en bas de la rue, dans la maison Ribière, actuellement occupée par une teinturerie.

C'est dans cet immeuble que vint au monde, le 11 juillet 1825, leur quatrième enfant.

On n'était pas riche dans la famille, mais on y était profondément honnête.

Marcelle Laroudie, la mère, était particulièrement pieuse.

Son nouveau-né étant un garçon, elle l'appela Jean-Baptiste, comme son parrain.

Ce nom donné au berceau à l'enfant qui, devenu homme, devait porter dans tant de mansardes celui de JÉSUS-CHRIST, semble avoir été inspiré par Dieu.

Dans combien de cœurs, en effet, la parole, les conseils de Jean-Baptiste ne furent-ils pas les précurseurs de l'œuvre de JÉSUS !

Près de combien d'âmes Laroudie ne fut-il pas le précurseur du Christ ! que de chemins n'aplanit-il pas devant lui ! que de voies ne lui prépara-t-il pas !

Deux jours après sa naissance, l'enfant fut porté à

Sainte-Marie, sa paroisse, et y reçut le premier des sacrements.

Voici, tel que nous l'avons retrouvé sur les registres de l'église, le texte même de son extrait de baptême.

PAROISSE DE SAINTE-MARIE DE LIMOGES.

Le treize juillet 1825, a été baptisé Jean-Baptiste Laroudie, né l'avant-veille au Pont Saint-Martial, du légitime mariage de François Laroudie et Marcelle Guitard.

Ont été parrain et marraine Jean-Baptiste Buraud et Marie Magne qui n'ont pas signé.

Lavérine, vicaire.

Pour copie conforme, Limoges, le 28 décembre 1889 :

G. GODEFROY, vicaire.

Élevé par une mère profondément chrétienne, Jean-Baptiste reçut d'elle, dès sa petite enfance, les principes qui devaient en faire l'ouvrier fort contre le mal, ardent au bien, que tout Limoges a connu.

Lorsqu'il fut en âge d'apprendre à lire, on le mit chez les Frères des écoles chrétiennes. Ces modestes mais infatigables éducateurs du peuple firent germer dans le cœur de l'enfant la foi profonde qu'y avait semée la mère.

Laroudie n'oublia jamais ses chers Frères ; il leur voua un inaltérable dévouement, dont il leur donna au cours de sa vie de touchantes preuves.

Ce serait une erreur de croire que les vertus chrétiennes s'épanouirent sans difficulté dans la petite âme de Jean-Baptiste.

Ne recevant pas cette éducation policée qui fait l'homme bien élevé, vivant quotidiennement avec les enfants dont regorgent les écoles de nos chers Frères, il subissait l'influence du milieu dans lequel il se trouvait, et cette influence, jointe à l'ardeur de son tempérament, à la rudesse abrupte de sa nature, tout en

sauvegardant sa vertu, n'était pas précisément faite
pour le rendre posé, grave et calme.

L'unique école des Frères était alors à l'Évêcaud,
dans les locaux où est encore aujourd'hui une des institutions si populaires des bons Frères.

A la sortie des classes, Jean-Baptiste se livrait avec
ses petits camarades aux exercices violents chers aux
écoliers de son âge et de sa condition.

De l'enquête que nous avons faite aussi soigneusement que possible et des dépositions de ses anciens con-
disciples, il résulte que l'enfant avait une incroyable
ardeur.

Il était toujours mêlé aux luttes, aux courses extra-
vagantes, aux jeux violents qui se produisaient à la
sortie de l'école.

L'habitude de jeter des pierres qu'on reproche tant
aux gamins de Limoges ne date pas d'hier.

Il paraît qu'en 1834, les enfants s'en donnaient à
cœur joie, et prenaient même quelquefois pour cible
les vieilles lanternes qui servaient de réverbères dans
les petites rues de la cité.

Lorsque l'un d'eux avait touché le but, c'étaient des
cris de joie, des trépignements de bonheur.

Ils s'enfuyaient comme une envolée de moineaux en
criant en patois : « *Nou an fa un co !* (¹) » Lorsqu'ils
rentraient à la maison, les parents, s'ils apprenaient la
chose, tiraient maintes oreilles, distribuaient force
claques, mais alors, comme aujourd'hui, les drôles
avaient la tête dure et se corrigeaient difficilement.

Jean-Baptiste se trouvait mêlé à ces bandes d'étour-
neaux et n'était jamais le dernier à batailler, courir et
bombarder les lanternes.

A côté de cette effervescence de vie, de cette vigueur

---

1. Nous avons fait un coup.

Jean-Baptiste Laroudie.   2

de caractère et de tempérament, l'enfant conservait une pureté d'âme admirable.

La jeunesse de ce temps-là n'était pas aussi avancée dans le mal que celle d'aujourd'hui. Dieu merci, le jeune âge était bien protégé et n'était pas exposé à avoir l'imagination salie par des gravures infâmes ou des lectures empoisonnées.

Jean-Baptiste, bouillant comme un diable, était pur comme un ange, et *jamais, jamais*, — ses anciens camarades nous l'ont affirmé, — *jamais* son innocence baptismale ne fut ternie par une conversation scabreuse ou un acte immoral.

Quand les enfants jouent beaucoup, ils n'ont pas l'esprit occupé de ce qu'ils n'ont pas besoin de savoir ; ils causent peu, et la fatigue qu'ils se donnent dans leurs exercices violents, en dépensant les forces de la bête, l'empêche de se révolter.

Un des anciens camarades de Laroudie nous le disait : « C'était au point de vue des mœurs ce qu'on appelle un bon et brave enfant. »

Et cependant, Jean-Baptiste donnait de réelles inquiétudes à son excellente mère.

Il était si étourdi, si brusque, si entêté !

Il joignait à son espièglerie une telle résolution, il avait l'esprit si primesautier, faisant sans hésitation et sans réflexion tout ce qui lui passait par la tête, que Madame Laroudie se demandait avec anxiété si son petit Jean-Baptiste serait bien l'enfant bon et pieux qu'elle avait rêvé.

Un fait extraordinaire changea brusquement ses habitudes et fit de lui un homme nouveau.

Plusieurs personnes nous ont raconté la chose ; nous laissons la parole à l'une d'elles qui a bien voulu nous donner par écrit les détails suivants :

Tous les dimanches, Madame Laroudie faisait lever ses enfants de très bonne heure pour assister à la messe de cinq heures.

Elle avait beaucoup de peine à l'obtenir surtout de Jean-Baptiste.

Un dimanche, il avait à peu près onze ans à cette époque, se trouvant prêt le premier, il s'engagea dans le long couloir de l'appartement pour descendre, mais il revint tout effrayé en disant à sa mère qu'il avait eu très grand'peur d'une grande dame toute blanche qu'il venait de voir au fond du couloir. La mère n'y ajouta pas d'importance, mais elle en parla à une religieuse de la Visitation, laquelle fit venir l'enfant qui raconta de nouveau ce qu'il avait vu.

A partir de ce moment, sa mère remarqua un grand changement en lui : il ne se fit plus prier pour aller à la messe, il montra en Dieu une grande confiance qui ne fit que s'accroître dans la suite.

F. P.

Nous n'avons pas besoin d'ajouter que la personne dont nous venons de reproduire le récit est absolument digne de foi.

A cette époque, la famille Laroudie avait quitté le pont Saint-Martial et était venue se loger dans la rue de la Cité, dans la maison Vergnolles, portant actuellement le n° 11.

La famille habitait une grande pièce située au second étage et sur le derrière.

Le fait que nous avons raconté plus haut s'était passé en 1836 ; l'année suivante, Jean-Baptiste fit sa première communion à la cathédrale.

Il y fut préparé par M. l'abbé Mounier, curé de Saint-Étienne, dont les vertus et le saint caractère laissèrent une impression ineffaçable dans l'esprit de l'enfant.

A dater de cette époque, Jean-Baptiste se métamorphosa complètement.

D'espiègle qu'il était, il devint sérieux ; tout en conservant une rudesse qui ne le quitta jamais, il se fit charitable et bon, se donnant tout entier au service de Dieu et des pauvres.

Nous avons eu la bonne fortune de retrouver son image de première communion.

Elle mesure quinze centimètres environ de hauteur et huit ou dix de largeur ; elle est encadrée de bois noir et représente un autel sur lequel repose un agneau, couché sur un livre d'évangiles. Au-dessous est écrit à la main :

Jean-Baptiste Laroudie a fait sa première communion à Saint-Étienne, pendant le carême de l'année 1837.

Quelques mois plus tard le bon Dieu rappelait près de lui le chef de la famille.

François Laroudie mourut en 1838, laissant sa femme sans fortune, avec de nombreux enfants.

Dès ce moment, Jean-Baptiste, bien qu'il ne fût pas l'aîné, se regarda comme le soutien de sa mère et de sa sœur.

Il l'était un peu aussi de son frère auquel un accident très douloureux (il avait été brûlé au visage) avait enlevé la possibilité de se livrer à un travail sérieux.

C'est à cette époque que remonte le premier trait de charité, d'abnégation et d'oubli complet de soi-même que nous ayons recueilli.

Madame Laroudie, devenue veuve, ne pouvait plus subvenir aux frais que lui occasionnait sa petite famille. Le métier de blanchisseuse qu'elle avait pris depuis qu'elle n'avait plus son épicerie du pont Saint-Martial était peu lucratif.

Elle fut donc obligée d'envoyer travailler ses enfants. On n'était pas difficile alors sur le choix d'un état ; pourvu qu'on pût gagner honnêtement son pain, c'était l'essentiel.

On construisait au Vigen le pont jeté sur la Briance ; Jean-Baptiste y fut employé comme apprenti maçon, ou plutôt, pour employer l'expression technique, comme goujat.

Il ne gagnait pas grand'chose, on le conçoit, à porter le mortier et servir les ouvriers, mais comme il pensait à sa mère restée à Limoges, il trouvait encore moyen de faire des économies.

C'était au détriment de son estomac.

Le pauvre enfant s'était logé dans une famille Danon, et pour payer moins cher...... de pension, il se contentait de pain sec, travaillait chez ses propriétaires lorsqu'il avait fini au pont, et, par suite, tous les quinze jours, apportait sa paye presque tout entière à sa mère.

Un jour celle-ci se rendit au Vigen et y découvrit la vérité aux Danon qui étaient ses parents : Jean-Baptiste, pour conserver plus de liberté, ne s'y était pas fait connaitre.

Elle y apprit que l'enfant vivait de pain sec et refusait obstinément tout ce qu'on lui offrait en fait de nourriture.

Il est inutile de dire si elle le gronda.

Le pont du Vigen fut rapidement achevé, Jean-Baptiste revint à Limoges.

Il allait entrer dans une nouvelle phase de sa vie, perfectionner ce qu'il n'avait fait qu'ébaucher depuis sa première communion, et, sous la direction de l'abbé Dubreuil, entouré d'excellents camarades, racheter par une adolescence exemplaire les turbulences et les espiègleries de son enfance.

Nous avons recherché avec un soin particulier les détails relatifs à ces premières années de la vie de Laroudie ; il était absolument nécessaire de savoir et de dire ce qu'avait été dès le début son caractère, de révéler dans quel milieu il avait été élevé, de faire toucher du doigt les défauts qui étaient les siens, de le montrer enfin luttant pour sa vie et celle de sa famille, dès l'âge de douze ans, sous les intempéries des saisons, loin de sa mère, sur un grand chemin, en qualité de valet de maçons, c'est-à-dire de gens trop souvent grossiers, incapables peut-être de comprendre les délicatesses de la piété filiale et de la douce charité qui s'éveillaient dans l'âme de leur petit compagnon.

Cette éducation à la dure, ces privations volontairement subies par l'enfant, feront comprendre comment il arriva souvent, dans le reste de son existence, que l'homme se déclarât brutalement l'irréconciliable ennemi de tout bien-être et de tout luxe, l'acharné partisan des mesures énergiques, des règlements inflexibles et des disciplines de fer.

Comme on va le voir, aux travaux pénibles de sa douzième année allaient succéder ceux non moins durs de son adolescence, avec des mortifications plus sérieuses et une vie d'une régularité monacale.

CHAPITRE DEUXIÈME.

L'Adolescent.

LES œuvres organisées par la charité catholique sont surtout, de nos jours, des œuvres de réparation.

Que celui qu'elles veulent atteindre soit enfant, jeune homme ou homme fait, elles réparent plutôt qu'elles ne préservent.

En effet, avec nos mœurs actuelles, avec les déplorables lois scolaires maintenant en vigueur, avec l'ignoble corruption semée par la gravure, le journal et le livre, il est, dans la classe ouvrière, peu d'âmes d'enfants qui ne soient salies, peu d'esprits d'adolescents qui ne soient dévoyés, peu de raisons d'hommes faits qui ne soient égarées.

Nos œuvres ont donc bien pour objectif de réparer le mal causé par une éducation et des habitudes vicieuses.

Il y a cinquante ans, il n'en était pas ainsi ; les œuvres étant moins nécessaires étaient moins nombreuses, et leur but consistait surtout à protéger.

A Limoges, en 1839, il s'en fondait une qui devait produire de merveilleux résultats.

Il y avait alors comme aumônier à l'hôpital, si nous ne nous trompons, un saint prêtre, l'abbé Dubreuil, qui, entraîné par son zèle et le désir de conserver à JÉSUS-CHRIST des âmes pures, s'était donné la mission de protéger les jeunes gens contre les dangers du monde.

En dépit d'une cruelle infirmité, — il était presque aveugle, — il avait organisé, sous le nom général de *Persévérance*, trois sociétés pieuses dont il gardait la direction.

La société de l'*Enfant Jésus* réunissait les plus jeunes enfants ; la *Persévérance* proprement dite, les jeunes gens de douze à vingt-un ans ; la *Société de Saint-Joseph*, les hommes majeurs.

Tout d'abord, les enfants qui avaient répondu à l'appel du bon abbé Dubreuil étaient peu nombreux ; l'excellent directeur ne s'en était pas montré autrement inquiet. Il ne tenait pas à la quantité : ce qu'il voulait surtout, c'était la qualité.

Au début de l'œuvre, on ne s'était réuni que tous les quinze jours chez le directeur, qui habitait l'immeuble occupé aujourd'hui par les Pères Oblats.

Quand les développements du patronage se furent produits, le local primitif fut reconnu trop étroit et les réunions eurent lieu rue Croix-Mandonneau, chez un M. Hervy ; de là on se transporta au Pont-Neuf, puis Allée des Bénédictins, enfin rue des Argentiers.

L'œuvre se composait des sociétés dont nous avons donné plus haut les noms et d'un conseil formé de quelques-uns des aînés. Ce conseil était appelé à donner son avis sur les questions que le directeur croyait devoir lui soumettre, et à l'aider dans la surveillance des moins âgés.

On se réunissait tous les dimanches après-midi.

Une fois par mois, le premier dimanche, il y avait messe le matin.

Pendant les réunions hebdomadaires, on assistait aux vêpres, on entendait un sermon et, après la bénédiction du Saint-Sacrement, tandis qu'un des conseillers restait au local de l'œuvre pour surveiller les membres de la *Société de l'Enfant Jésus* qui jouaient entre eux, les autres allaient en promenade avec les membres de la *Persévérance* et rentraient ensuite chez eux sans repasser par le patronage.

Les jours de grandes fêtes, M. l'abbé Dubreuil, à un

certain moment desservant au Palais ([1]), se faisait accompagner des grands qui avaient obtenu les notes voulues pour jouir de cette faveur ; et on allait chanter la grand'messe et les vêpres, à l'extrême satisfaction des paroissiens de cette petite localité.

On dînait au presbytère, puis on rentrait à pied à Limoges, après une excellente journée partagée entre le service de Dieu et les courses en pleine campagne.

Lorsque Le Palais eut un titulaire, c'est à Feytiat ([2]) que l'on se rendit. Après quarante ans passés, il n'est pas un des anciens membres de la *Persévérance* qui n'ait conservé le plus doux souvenir de ces excursions aux environs de Limoges. Innocentes distractions !

Outre les réunions du dimanche, il y avait celles du jeudi qui étaient réservées, matin et soir, aux plus jeunes enfants.

La présence des membres de l'œuvre était contrôlée par des listes d'appel.

Le règlement établi était très sévère.

Outre les exercices de piété qui en formaient les bases solides, outre la fréquentation régulière des réunions qui assurait la préservation, il y avait certaines conditions à remplir pour être admis et surtout pour être conservé au patronage.

Ainsi, un jeune homme qu'on aurait vu soit au café, soit au théâtre, en eût été exclu.

Les jeux étaient aussi simples que peu coûteux.

Le recrutement se faisait de la façon suivante :

Les jeunes gens se présentaient nombreux ; puis lorsqu'ils avaient goûté des habitudes de la maison, une sélection s'opérait d'elle-même. Les hésitants et les mous se retiraient, les caractères fermes et droits restaient en se jetant à corps perdu dans le bien.

---

1. Petite paroisse des environs de Limoges. — 2. Id.

L'abbé Dubreuil n'en demandait pas davantage, et c'est grâce à sa discipline sévère, aux habitudes de modestie, de correction et de piété qu'il inculquait à cette jeunesse, que la génération d'alors put donner à l'Église un bon nombre de prêtres vertueux et distingués ; à la société beaucoup d'hommes chastes et tempérants.

Cette éducation-là valait mieux que celle d'aujourd'hui.

Avant de continuer la vie de Jean-Baptiste Laroudie, nous devons décrire le cadre dans lequel nous allons l'étudier pendant .toute son adolescence : voilà pourquoi nous avons expliqué ce qu'était la *Persévérance*.

Au nombre des premiers jeunes gens qui avaient répondu à l'appel de l'abbé Dubreuil, il s'en trouvait un nommé Laguilhaumie.

C'était un excellent jeune homme, docile, plein de zèle ; il connaissait Laroudie, avait été frappé de la franchise de son caractère, de la rondeur de ses allures et avait pensé avec raison qu'il serait une excellente recrue.

Il lui demanda donc un jour de l'accompagner. Il va sans dire que Jean-Baptiste se garda bien de refuser.

Dès qu'il eut mis le pied dans la maison de l'abbé Dubreuil, il fut littéralement empoigné ; il comprit toute la beauté de l'œuvre, mesura sans peine ses effets, et en devint véritablement la cheville ouvrière.

Avec ses amis Laguilhaumie et Duché, il aidait admirablement le vénérable directeur et, par une collaboration active et dévouée, faisait prospérer l'excellente association.

Entre tous, il était craint et écouté.

La cécité de l'abbé Dubreuil l'empêchant de surveiller, Laroudie le remplaçait.

Il abandonnait son atelier tous les jeudis soir pour devenir l'auxiliaire du saint prêtre ; et, comme un jour le successeur de M. Dubreuil, M. l'abbé Tandeau de Marsac, lui faisait remarquer qu'il n'était pas juste qu'il perdît sa journée pour venir surveiller les enfants, le brave garçon se fâcha tout rouge.

« Eh ! bien, lui répondit M. Tandeau de Marsac, si vous ne voulez pas accepter une rétribution égale à celle que vous gagnez à l'atelier, je ne veux plus vous voir ici. »

M. de Marsac touchait la corde sensible.

Ne plus venir à la *Persévérance* eût été un trop grand sacrifice. Laroudie accepta une rémunération inférieure au salaire d'une demi-journée.

Nous avons dit que Jean-Baptiste s'était rendu indispensable au patronage, nous devons ajouter qu'il ne s'en tenait pas là.

Son action s'exerçait aussi au dehors.

Lorsque plusieurs absences d'un enfant avaient été constatées, il se rendait auprès des parents, les prévenait de l'irrégularité commise, et, s'il y avait lieu, courait après le délinquant pour l'inviter à être plus exact, à avoir une conduite plus régulière.

Ses démarches avaient généralement un heureux résultat.

Bien que la *Persévérance* fût la grande occupation de Jean-Baptiste, elle ne lui faisait cependant pas négliger son travail.

Après avoir été employé rue des Pousses, chez M. Boyer, fabricant de droguet, il avait définitivement embrassé le métier qu'il devait conserver toute sa vie, celui de corroyeur.

C'est rue du Verdurier, chez M. Malinvaud, qu'il débuta. Nous le verrons bientôt travailler sans relâche dans d'autres ateliers, à l'humidité et au froid, en dépit d'un catarrhe qui le fatiguait beaucoup.

Sa vie, à cette époque où il était encore tout jeune, se passait à son atelier, au patronage et auprès des pauvres.

Les pauvres ! il les aimait par dessus tout ; voyant en eux les membres souffrants de JÉSUS-CHRIST, il s'oubliait souvent pour ne penser qu'à eux.

Sa bonne mère lui en avait d'ailleurs donné l'exemple.

Que de fois ne l'avait-il pas vue partager avec les malheureux qui, connaissant sa charité, venaient l'implorer, soit le peu d'argent qu'elle avait sur elle, soit son pain, soit ses provisions.

Un jour, en rentrant de son travail, Jean-Baptiste lui dit :

« L'écuelle dans laquelle tu me trempes la soupe est beaucoup trop petite, je n'en ai jamais assez !

— Je t'en donnerai une plus grande, mon petit, » répondit l'excellente femme.

En effet, le lendemain, au lieu de l'écuelle habituelle, la mère donnait à l'enfant un grand pot en terre brune contenant la valeur d'un litre de soupe.

Laroudie eut un sourire de satisfaction, passa une ficelle dans les deux oreilles du pot et, son pain sous le bras, s'en fut, gai comme un pinson.

Il rentra le soir avec son pot vide, et ainsi tous les jours.

« Comme cet enfant mange, » se disait la mère, « et cependant il est maigre comme un coucou ! »

A quelque temps de là, une voisine rencontra Madame Laroudie !

« Vous ne savez pas ce que fait Jean-Baptiste ? » dit-elle.

— Quoi donc ?

— Je l'ai surpris vidant son pot de soupe dans les écuelles des pauvres mendiants, par là-bas, du côté de la petite rue de la Vieille-Poste ! »

Le bon appétit du brave enfant était ainsi expliqué : il donnait sa soupe aux pauvres et mangeait son pain sec !

Le jour même, lorsqu'il rentra chez lui, sa mère lui fit de doux reproches et lui défendit de donner son dîner, lui permettant, à la place, de partager entre ses pauvres une ou deux tourtes de pain s'il le désirait.

Ce modeste pot de terre brune que le charitable jeune homme vidait si généreusement, est soigneusement conservé par la sœur de Jean-Baptiste : non pas qu'elle l'ait caché au fond d'une armoire, il sert tous les jours depuis 49 ans.

L'ordre et l'économie sont les meilleurs auxiliaires de la charité.

A cette époque de la vie de Laroudie se rapportent une foule de faits du même genre ; nous n'avons retenu naturellement que les plus saillants et ceux qui nous ont paru les plus édifiants.

Celui que nous allons citer donne une idée bien juste de la générosité d'âme du jeune homme.

A côté de la chambre occupée par Madame Laroudie et ses enfants, il y en avait une autre qui, un moment disponible, fut bientôt louée par une famille d'ouvriers.

Ces pauvres gens vinrent s'installer un beau jour, n'apportant avec eux qu'un lit, et Dieu sait quel lit ! sur lequel le père malade était couché.

Dans le courant de la journée de leur installation, la femme du malade vint frapper chez Madame Laroudie et lui raconta ses peines.

Ils avaient des enfants, le père était depuis longtemps privé de sa santé, par conséquent dans l'impossibilité de travailler, et il n'y avait plus d'argent au logis.

Le médecin était venu et avait ordonné des médicaments qu'on ne pouvait aller chercher faute d'argent.

Madame Laroudie, littéralement navrée, aida autant qu'elle le put ses malheureux voisins et envoya sa fille chercher les médicaments.

Une parente assez aisée du malade ne voulut pas que les Laroudie payassent le pharmacien et se chargea de ce soin.

Le soir, lorsque Jean-Baptiste rentra de l'atelier, on lui raconta ce qui s'était passé.

« Il faut que j'aille voir ce pauvre homme, » dit-il, et il alla frapper à la porte à côté.

Lorsqu'il se trouva en face du malheureux, il voulut se rendre compte de la façon dont il était couché. Soulevant les guenilles qui tenaient lieu de draps, il constata avec émotion qu'il n'y avait pas de matelas et que le malade était étendu sur trois bottes de paille.

Sans laisser voir sa surprise, il rentra chez lui, ôta sa blouse et se mit immédiatement à déménager son propre lit qu'il porta tout garni chez son voisin.

Il l'installa dans la chambre, y mit des draps et, prenant le malade dans ses bras, l'y coucha !

On ne savait comment le remercier dans la mansarde ; il s'esquiva.

Rentré chez lui, sa mère n'eut pas le courage de le gronder, elle l'admira en silence et le laissa coucher dans une autre pièce qui tenait à leur logement.

Cette grande charité du jeune ouvrier se manifestait en toutes circonstances ; mais elle ne s'exerçait pas seulement au bénéfice du corps des pauvres, elle était surtout réservée à leur âme.

Il est probable qu'après avoir donné son lit, Laroudie ne ménagea pas les bons conseils ; si nous ne le savons pas dans ce cas spécial, le trait suivant et une foule d'autres nous permettent de supposer qu'en cette circonstance il ne manqua pas à sa bonne habitude.

Il y avait aux Charseix (un quartier de Limoges

qui, en ce temps-là, n'était pas très bien habité) une maison mal famée, dans laquelle logeait, chez ses parents, un petit garçon de onze à douze ans, très gravement malade.

Laroudie l'ayant appris alla le voir.

Reçu avec méfiance par le père et la mère, il les interrogea cependant et obtint d'eux l'aveu que leur enfant n'avait pas fait sa première communion.

Comme il était gravement atteint et semblait ne pas devoir revenir à la santé, le bon Laroudie résolut de le préparer à ce grand acte, à cette communion qui devait être la première et la dernière de sa vie.

La tâche n'était pas facile, les parents voyaient le visiteur d'un mauvais œil, et celui-ci se demandait anxieusement comment il pourrait amener un prêtre dans un milieu si profondément gangrené.

Le brave garçon ne se découragea pas.

Depuis qu'il était au patronage, il s'était promis de se faire le fidèle serviteur de Dieu et des pauvres, et il avait déjà surmonté tant de difficultés, que celle-ci ne l'épouvantait pas outre mesure.

Il avait pris d'assez bonne heure l'habitude de priser : il en avait besoin, paraît-il, à cause de son métier de tanneur ; or, un jour, sa mère s'apercevant qu'il ne prisait plus et lui ayant arraché l'aveu qu'il donnait tout son tabac à un pauvre vieux qui demeurait près de chez les Clairettes, l'avait supplié de ne pas le faire, ou, du moins, de n'en donner que la moitié. Il avait obéi.

Il est probable que l'idée de sacrifier l'argent du tabac pour le donner aux parents de l'enfant malade lui vint à l'esprit, mais il ne s'y arrêta pas ; c'eût été bien peu de chose et il eût contrarié sa mère.

Il chercha autre chose.

Un soir, en revenant du travail, il dit :

« Je ne pourrai pas te donner ma paie tout entière la première fois que je la toucherai.

— Eh bien, mon petit, comme tu voudras », répondit Madame Laroudie, qui prévoyait que son fils avait quelque bon dessein en tête.

—Cela ne durera pas longtemps, du reste, car cet enfant des Charseix n'ira pas loin… ses parents sont pauvres… et si je ne leur donnais rien ils finiraient par dire que je les dérange et que je n'ai pas de cœur ; or, l'enfant n'a pas fait sa première communion, et il faut qu'il la fasse.

— C'est bien », répondit la mère, « fais ce que tu voudras. »

A partir de ce jour, une bonne portion de l'argent gagné par Jean-Baptiste fut remise par lui aux parents du pauvre enfant malade, et il eut dans la maison ses grandes et ses petites entrées.

Il en profita bientôt pour y amener avec lui M. l'abbé Lacaux, qui était alors vicaire à la cathédrale dont il devait plus tard devenir le curé.

Lorsque l'enfant fut bien préparé, on lui apporta le Saint-Sacrement, et peu après il allait près de Dieu prier pour son bienfaiteur.

Qu'il serait beau de voir de nombreux ouvriers imiter le bon Laroudie et consacrer leur argent, — non pas celui qu'ils doivent à leur famille, mais celui qu'ils dépensent si facilement au cabaret, — à secourir leurs frères plus malheureux qu'eux !

C'est en accomplissant ce ministère de charité que Jean-Baptiste se conservait pieux et pur, au milieu des dangers du monde. Déjà il était enflammé de l'amour de Dieu et des pauvres, et sa passion du bien devait augmenter encore avec son âge.

Ce n'était cependant pas sans peine que Jean-Baptiste restait ainsi ferme dans la bonne voie et pratiquait déjà les austères vertus de pénitence et de charité.

Son tempérament, sa nature abrupte, le portaient au contraire à vivre comme tant d'autres, à être, jeune homme, ce qu'il avait été, enfant, c'est-à-dire étourdi, violent, dissipé ; mais il avait pour lui la grâce de Dieu et la protection de la sainte Vierge, qui l'aidaient à maîtriser sa nature et à vaincre la passion lorsque la passion voulait parler.

Bien que la jeunesse d'alors, nous avons eu déjà l'occasion de le dire, fût beaucoup plus sérieuse et beaucoup plus morale que celle d'aujourd'hui, il y avait cependant à cette époque des mauvais sujets, comme il y en a toujours eu, et des occasions de chute comme il y en aura toujours. Laroudie sut éviter les premiers et fuir les secondes. Les partisans de la fausse doctrine : « *Il faut que jeunesse se passe,* » eussent été fort surpris de voir comment la jeunesse se passait pour lui.

Son activité, son ardeur, sa fougue, il les appliquait au bien. Les battements de son jeune cœur ne se faisaient entendre que lorsqu'il s'agissait de soulager une infortune ; il était en un mot dans le chemin qui mène au ciel.

Sa bonne mère, les Frères des écoles chrétiennes, l'abbé Dubreuil, avaient lieu d'être heureux et fiers du jeune ouvrier qu'ils avaient formé.

Malheureusement cette sauvegarde d'une sainte mère, de bons maîtres et d'un saint directeur fait défaut à une grande partie de la jeunesse contemporaine.

Dans la famille, l'enfant ne trouve trop souvent que de mauvais exemples.

A l'école devenue laïque et neutre, c'est-à-dire irréligieuse, en fait de directeurs, les jeunes gens ne veulent écouter que leurs aînés, qui leur insinuent de perfides conseils.

Ceux-ci leur disent que la vie est faite pour s'amuser, que les donneurs de leçons sont des arriérés; ils les poussent inconsciemment à mettre en pratique l'odieuse devise des hommes du jour : « *Ni Dieu ni maître* » ; leçons plus faciles à suivre que celles de la morale et du devoir.

Combien Laroudie dut souvent remercier Dieu de lui avoir donné une mère aussi chrétienne et d'aussi dignes maîtres !

Il acquit par expérience la conviction que le meilleur héritage que les parents puissent laisser à leurs enfants, c'est une bonne éducation basée sur des principes religieux. Ne sont-ce pas ces principes qui font la force des peuples comme celle des individus ?

A vingt ans, au lieu d'aller au café, de dépenser son argent au jeu ou dans les mauvais lieux, Jean-Baptiste menait déjà la vie sérieuse qui fut la sienne jusqu'à sa mort.

Quand les années s'ajoutant aux années firent un homme de l'adolescent, ses vertus s'accrurent comme ses forces physiques ; c'est alors qu'il donna carrière à toute son activité, à tout son zèle, à tout son dévouement.

On va en juger.

CHAPITRE TROISIÈME.

L'Homme.

LE moment était venu où Jean-Baptiste Laroudie allait passer de l'adolescence à l'âge d'homme.

Ce passage est marqué dans notre pays par un acte de la vie qui s'appelle le tirage au sort.

Dans les campagnes, de même d'ailleurs que dans les villes, les jeunes gens se livrent à cette occasion à des manifestations bruyantes, où, sous prétexte de démonstrations patriotiques, on va courir d'auberge en cabaret, traînant trop souvent dans des lieux indignes le drapeau, emblème de la Patrie, laissant son argent entre les mains des vendeurs de trois-six et sa raison au fond d'un verre.

Déplorables, mais universelles habitudes.

Lorsque l'heure du tirage au sort eut sonné pour Jean-Baptiste, l'honnête garçon, sans se mêler à la bande débraillée des conscrits, se rendit à la mairie paisiblement et tira un… mauvais numéro.Que de jeunes gens aujourd'hui se désolent lorsqu'il leur en arrive autant, murmurent contre leur destinée et vont noyer leur souci dans le vin !

Laroudie accepta son sort avec la fermeté et l'égalité d'humeur qui conviennent à un chrétien, et revint en informer sa mère.

Il fut bientôt récompensé de cette conformité de sa volonté à celle de Dieu.

En ce temps-là, en 1846, le service militaire ne ressemblait en rien à ce qu'il est aujourd'hui ; sous le régime de la loi de 1832, on était soldat pendant une durée de sept années.

Il fallait être riche pour se payer un remplaçant, et ce n'était pas le cas de Laroudie.

La mère, qui avait de lourdes charges et dont le fils aîné avait été estropié par suite d'une brûlure dont nous avons eu déjà l'occasion de parler, se préoccupa de la situation nouvelle faite à son fils par la conscription et commença des démarches pour le garder près d'elle comme soutien de famille.

Elles eurent un plein succès ; l'infirmité de son frère, fils aîné de veuve, fut prise en considération, et Jean-Baptiste, reconnu nécessaire à sa mère et à ses frères et sœurs, fut de ce fait exonéré du service.

Il avait donc bien raison de ne pas se préoccuper de son mauvais numéro et de s'en rapporter complètement à Dieu.

A partir de ce moment, tranquille du côté de la loi militaire, il se livra plus que jamais aux bonnes œuvres.

Toujours exact aux réunions du dimanche et du jeudi à la *Persévérance*, il s'adonna en outre à l'apostolat qui devait lui être si cher jusqu'à la fin de sa vie : celui des préparations des enfants du peuple à la première communion.

Nous verrons dans les chapitres suivants comment il procédait ; pour le moment nous nous bornons à signaler que, se souvenant que son père avait été camionneur, il rechercha particulièrement les enfants des hommes de ce métier pour les préparer à recevoir leur Dieu. Il s'acquittait de cette tâche avec la délicatesse et la patience d'un véritable apôtre.

En outre, il allait de temps à autre à Solignac rendre visite à de nombreux parents.

Il y était souvent accompagné par un de ses camarades de la *Persévérance*, M. Duché. Dans cette petite ville, il accomplissait, comme à Limoges, son ministère tout de charité.

Ses parents trouvaient qu'il les négligeait un peu ; de fait, il s'occupait surtout de ce qui pouvait à son sens procurer la gloire de Dieu et le salut des âmes ; c'était son principal souci.

La conduite exemplaire du jeune homme, son excellente réputation, ses vertus, qui étaient déjà connues de toute la population ouvrière de Limoges, n'avaient pas manqué de le désigner à l'admiration des mères de familles.

Plus d'une ayant une fille bonne et pieuse à marier, se disait intérieurement, en songeant à Jean-Baptiste : Voilà le gendre qu'il me faudrait.

Nous savons de source certaine qu'un jour l'une de ces mères vint trouver Madame Laroudie et lui demanda si elle songeait à marier son fils.

L'excellente femme n'y avait pas encore pensé.

Comme tant de mères qui sont heureuses de garder leurs enfants près d'elles, elle s'était peut-être dit, si pareille idée était venue à son esprit, qu'il était bien jeune.

Quoi qu'il en fût, la question lui était très nettement posée par une amie : il fallait y répondre. Pensant avec raison que le premier intéressé dans la question était son fils, elle demanda quelques jours et promit de le tâter et de voir quelles étaient ses idées sur le mariage.

Lorsqu'elle s'en ouvrit à lui, il se mit à rire et répondit résolûment qu'il voulait rester garçon et consacrer son temps, ses labeurs, sa vie tout entière au service des pauvres, à sa mère et à sa sœur.

« Le Bon Dieu, » lui dit-il, « n'a pas permis que je partisse comme soldat, il m'a laissé près de toi et de ma sœur, je veux y rester. Nous vivrons ainsi tous les trois. »

Madame Laroudie n'insista que pour la forme ; elle

connaissait le caractère de Jean-Baptiste et savait qu'une fois une résolution prise chez lui, elle était irrévocable.

Elle rendit donc réponse à la mère qui, intervertissant les rôles, était venue lui demander son fils, et il n'en fut plus question.

Quelque temps après une seconde tentative ne fut pas plus heureuse.

Le célibat hors du sacerdoce ne doit être que l'exception, Dieu ayant créé l'homme et la femme et leur ayant dit : « Croissez et multipliez. » Aussi tel qui eût été un excellent père de famille n'est qu'un déplorable célibataire. Mais il est bien certain que Laroudie, qui fut un garçon modèle, d'une pureté angélique, eût été un bien triste compagnon pour une femme.

Il n'était pas appelé à se marier ; il aurait dû, en effet, ou bien abandonner patronage, catéchismes, courses réellement apostoliques, visites des pauvres, etc., etc., etc., et alors il n'eût plus répondu aux desseins de Dieu sur lui ; ou bien, continuer sa vie active et toute au dehors, et alors sa femme eût trouvé bien triste le foyer vide, la maison toujours désertée par le mari.

Laroudie, qui fut un instrument de Dieu, avait bien la vocation du célibat ; aussi n'avait-il pas hésité à dire non, quand on lui avait parlé mariage.

Cela ne l'empêchait pas du reste d'être de très bon conseil près des ouvriers mariés qu'il fréquentait ; il savait mieux que personne leur rappeler leurs devoirs de père et d'époux ; s'il ne pouvait pas prêcher d'exemple au point de vue spécial de la fidélité conjugale, il le faisait cependant au point de vue de toutes les autres vertus domestiques, qu'il mettait en pratique à un haut degré.

Il donnait l'exemple de la charité par son irréprochable conduite, de la sobriété par son horreur du cabaret.

L'existence de Laroudie à partir de cette époque où son sort fut définitivememt fixé est peu variée.

Son uniformité fut cependant coupée par une foule

de traits que nous raconterons ; mais pour plus de clarté,et pour faciliter d'ailleurs notre tâche,nous allons maintenant abandonner l'ordre chronologique des faits, pour présenter Laroudie sous les différents points de vue dans lesquels il donna des preuves éclatantes et même héroïques de vertu.

Nous l'étudierons d'abord comme ouvrier, puis comme chrétien, enfin comme pèlerin, et, en terminant, comme membre du Tiers-Ordre de Saint-François d'Assise.

Cette tâche nous conduira au moment où il nous faudra reprendre la chronologie abandonnée momentanément pour raconter les dernières années de sa vie, sa maladie, sa mort, et les hommages qui furent rendus à sa mémoire.

U'Il est beau d'être ouvrier !

L'ouvrier est l'homme qui accomplit le mieux les décrets de Dieu relatifs à la créature.

Après la chute de notre premier père, Dieu avait dit à l'homme : « Tu gagneras ta vie à la sueur de ton front ! » Et l'ouvrier, du matin au soir, courbé sur sa tâche, le front mouillé, accomplit la parole de Dieu.

Le Rédempteur promis au monde, le jour où la loi du travail pénible fut imposée, vint enfin ! Il ne voulut pas naître, grandir et vivre dans un palais comme il l'aurait pu. Il naquit dans une étable, grandit et vécut dans un atelier, se fit ouvrier, aida de ses mains divines le charpentier saint Joseph, se courba sous le poids des fardeaux, mouilla de ses sueurs les bois qu'il équarrissait, gagna sa vie en travaillant.

Quel beau, quel céleste modèle pour la classe ouvrière !

Comme il est facile de gagner le ciel quand on est ouvrier !

Il suffit d'imiter fidèlement Jésus !

C'est à cela que s'appliqua scrupuleusement Jean-Baptiste Laroudie.

Après avoir habité rue de la Cité, sa mère s'était fixée rue Rafilhoux.

C'est de là que, tous les matins, partait Jean-Baptiste pour aller à son atelier de tanneur.

C'était un rude métier qu'il faisait là !

Dans la Haute-Vienne, à Limoges particulièrement, l'hiver est long et rigoureux, les brouillards sont épais, l'humidité est très intense, même loin des bords de la Vienne.

Dans les tanneries bordant la rivière, sous les hangars en plein vent, au milieu des peaux qu'il faut mouiller pour en enlever le poil, le travail est très pénible.

Les pieds dans l'eau, exposé au froid, on en arrive cependant à transpirer, la tâche étant rude, demandant des bras vigoureux, un perpétuel mouvement et de grands efforts.

Le danger du métier en est augmenté ; aussi les fluxions de poitrine ne sont-elles pas rares chez les tanneurs.

Laroudie les évita, mais contracta la bronchite chronique et catarrheuse qui dura jusqu'à sa mort.

Pour se soutenir dans un si dur métier, le saint garçon avait sa foi, ses pratiques religieuses et son divin modèle toujours présent à l'esprit.

Le matin, il se levait de très bonne heure, à quatre heures, se mettait en prières, puis courait à la première messe, et de là, après avoir pris sa soupe dans son pot de terre brune, s'en allait à l'atelier dans un faubourg lointain.

Il était d'une exactitude rigoureuse.

Lorsqu'il s'embauchait chez un patron, il ne discutait pas le prix de sa journée, ce qui eût été cependant très naturel et très légitime ; il l'invitait à attendre d'avoir vu son travail, et lorsqu'il serait fixé sur son savoir, à lui payer ce qu'en conscience il croirait lui devoir.

Les scrupules dont il faisait preuve dans l'exécution de sa tâche étaient incroyables.

On sait que l'Église dispense du jeûne les ouvriers qui ont un métier pénible.

Laroudie était dans ce cas.

Un jour, dans les dernières années de sa vie, on lui demandait :

« Vous devez jeûner bien rigoureusement, mon bon Laroudie ?

— Autrefois, oui ; aujourd'hui je me prive sur autre chose, mais je n'ai pas le droit de jeûner, n'ayant plus de santé. Mon travail réclame une grande dépense de force, et si je ne mangeais pas ma soupe le matin, je ne pourrais pas aussi bien travailler, et par conséquent je volerais mon patron, ce qui serait très grave.

« L'Église me dispense du jeûne, je lui obéis.

« Ne me parlez pas de ces gens qui veulent faire quand même ce qu'on les autorise à laisser de côté ; pour accomplir une prescription dont on les dispense, ils manquent à tous leurs autres devoirs !

« Il faut avoir l'esprit de pénitence et, sous la direction de l'Église, faire celle qui convient le mieux à notre situation.

« Ce qui ne veut pas dire que les gens qui passent toute leur journée sur une chaise ou sur une table ne doivent pas jeûner sous prétexte qu'ils sont ouvriers.

« Il faut s'entendre ! »

C'était plein de bon sens ; mais, en réalité, bien que mangeant sa soupe le matin, Laroudie faisait de grandes mortifications. Au reste, quoique le saint ouvrier n'eût jamais appris la théologie et la morale ailleurs que dans son catéchisme, il est à remarquer que toutes les fois qu'il faisait de l'apostolat ou donnait le bon exemple, il était toujours dans la note exacte et vraie.

C'était sans doute un don de Dieu.

Arrivé à l'atelier, il se mettait immédiatement au travail, laissant échapper parfois une réflexion qui avait toujours sa portée.

A l'heure de la soupe, il allait chercher son pot de terre, y plantait sa cuillère qui y restait debout et faisait un grand signe de croix, sans ostentation comme sans respect humain.

Au début, les camarades avaient voulu rire et se moquer, mais il leur avait imposé silence, et en peu de temps on avait si bien fini par s'habituer à le voir faire, que l'abstention de sa part eût été une cause de véritable étonnement.

Lorsque midi sonnait, les ouvriers quittaient leur travail et rentraient chez eux. Jean-Baptiste ne perdait pas de temps ; il arpentait rapidement les rues tout en récitant son *Angelus*, se découvrait en passant devant l'église et rentrait chez lui.

Avant de commencer son pauvre repas en famille, il disait le *Benedicite*, mangeait vite et courait faire les visites de pauvres dont nous parlerons plus loin.

Revenu à l'atelier, il se remettait à sa tâche jusqu'à sept heures du soir.

A la sortie, on le voyait, longeant les murs, marchant vite, les mains passées dans les fausses poches de sa longue blouse bleue, sa casquette ronde et plate, à grande visière, enfoncée jusqu'aux oreilles, priant tout bas en chemin, tandis que les cloches de la paroisse mises en branle saluaient une troisième et dernière fois Marie, et il allait, il allait, en homme pressé, un peu voûté, le corps légèrement penché en avant, ne regardant ni à droite ni à gauche, ne s'arrêtant nulle part.

Il était pressé en effet ; après une soupe vite mangée entre sa mère et sa sœur, il repartait pour aller faire ses catéchismes dans les quartiers les plus éloignés de Limoges, dans les plus problématiques mansardes.

Lorsqu'il revenait, toujours du même pas, il était onze heures ou minuit.

Il priait longtemps et prenait un repos bien mérité.

Et les journées succédaient aux journées, les mérites

aux mérites, la santé du saint ouvrier s'altérant peu à peu, au fur et à mesure que son trésor grossissait au ciel.

Nous verrons plus tard comment se passait sa journée du dimanche.

Un jour il travaillait au bord de l'eau, tannant à grands efforts la peau qu'on lui avait confiée, lorsqu'il fut pris subitement d'un étouffement.

Il s'arrêta, remit sa blouse et se dit :

« Qu'est-ce que c'est que ça ? Est-ce que je vais être malade par hasard ? Il faut rentrer à la maison !

. . . .

. . . . . Allons donc ! ce serait de la lâcheté, de la fainéantise ! »

Brusquement, il ôta sa blouse et se remit au travail, luttant silencieusement contre le mal.

Tel fut le premier symptôme de la maladie qui, après de longues années, devait l'emporter.

Nous avons déjà dit que le jeudi il prenait sur son travail pour aller à la *Persévérance* aider le directeur à surveiller les jeunes gens ; c'était une de ses œuvres favorites.

Lorsque la guerre de 1870 eut lieu, toute la jeunesse à laquelle s'était si généreusement dévoué le brave garçon se dispersa. Ce ne fut qu'après la paix que les œuvres reprirent un nouvel essor.

M. l'abbé Dubreuil était mort, lorsque sa *Persévérance*, changeant de nom et de direction, devint le *Cercle de la Jeunesse*.

C'était en 1872, le nouveau local de l'œuvre était situé rue des Argentiers, et les Pères Jésuites en avaient la direction spirituelle, tandis que les directeurs temporels étaient MM. d'Héralde et Baju.

Laroudie venait souvent se mêler aux jeunes gens du cercle, mais il ne trouvait déjà plus chez eux ce qui l'avait charmé jadis.

Le changement de gouvernement et ses suites avaient déjà jeté dans les esprits ce ferment qui les rend aujourd'hui si difficiles à diriger ; la jeunesse d'alors trouvait trop austère l'ancien élève et collaborateur de M. Dubreuil.

Laroudie ne se laissait cependant pas démonter par les difficultés qu'il rencontrait ; il tenait bon et ne manquait jamais une occasion de donner un salutaire exemple, un conseil, une sage leçon.

Il s'était humblement attribué une fonction dans laquelle il se rendait très utile ; elle l'obligeait à aller tous les jours au cercle.

Il s'était institué lampiste de la maison et faisait consciencieusement ce modeste service.

En 1876, il eut un crève-cœur : on installa le gaz !!

L'organisation d'œuvres ouvrières l'attira bientôt sur un autre terrain.

On venait de fonder à Limoges les cercles catholiques d'ouvriers ; naturellement, Laroudie était au nombre de ceux sur lesquels on pouvait compter pour faire prospérer l'œuvre. On ne se trompait point.

C'était le *Cercle Saint-Joseph* qui s'ouvrait. Il y alla et pendant quelque temps voulut rééditer dans ce nouveau milieu les procédés et les coutumes de l'ancienne *Persévérance* de l'abbé Dubreuil.

Mais autres temps, autres mœurs ; le pauvre Laroudie qui, n'ayant pas changé, se figurait que tout le monde avait fait comme lui, eut là de dures déceptions.

Quelquefois le directeur le prenait à part et lui disait :

« Laroudie, vous exigez trop de ces jeunes gens, votre rigueur les effarouche, vos allures autoritaires les déconcertent ; soyez plus coulant, plus moelleux... »

Ah ! bien oui ! autant valait demander à une barre de fer d'onduler au vent.

Au bout de quelques mois, l'organisation des cercles étant à peu près terminée, on songea à procéder aux élections des dignitaires.

Le comité avait songé à Laroudie comme président.

Lorsqu'on vota, il eut à peine quelques voix !

Un autre eût été froissé ; il ne se troubla nullement de cet échec, son humilité le lui fit très facilement accepter et, dégagé de tout soin, de toute responsabilité de ce côté, il se donna tout entier à ses pauvres et à ses catéchismes.

Nous avons voulu rechercher quelle était l'opinion qu'on avait de Laroudie dans les ateliers où il avait travaillé, et nous nous sommes livré à ce sujet à une enquête.

Partout, il nous a été répondu que le brave garçon était un modèle.

Mais c'est surtout chez M. Beaudet, marchand de cuirs à Limoges, place du Poids Public, que nous avons trouvé le plus de témoignages d'admiration pour lui.

Le contre-maître de la maison, qu'on a bien voulu faire appeler devant nous, nous a dit en propres termes :

Laroudie était un excellent camarade, travailleur et par dessus tout complaisant. Je l'ai connu pendant quarante ans, nous avons travaillé ensemble dans plusieurs maisons, partout je l'ai toujours trouvé le même.

Quelquefois, à l'atelier, on essayait de le *faire monter* en le taquinant. Il restait impassible et répondait en riant.

Si par hasard quelqu'un allait trop loin, dépassait les bornes de la taquinerie, il le remettait à sa place, mais sans amertume et sans rancune.

Une minute après, celui qui l'avait offensé lui aurait demandé comme service d'aller lui faire une commission à 4 ou 5 kilomètres, il se serait mis en route immédiatement et avec plaisir.

Ce témoignage de camarades d'atelier prouve ce que valait Laroudie.

Du reste, en bon chrétien qu'il était, le digne ouvrier aimait ses frères comme lui-même.

Il le leur prouva, en fondant, dès le début de son apostolat au milieu d'eux, une société de secours mutuels placée sous le patronage de St-Joseph.

Sa société était son enfant de prédilection, mais aussi que de peines elle lui avait données !

Fondateur et président, inflexible dans l'observation du règlement, se mettant facilement dans une grande indignation lorsqu'il était violé dans la partie ayant trait aux devoirs religieux, il menait l'œuvre à la baguette.

Pour être de la société de St-Joseph, il fallait faire ses Pâques, c'était la principale condition, puis verser une modique cotisation mensuelle.

Les membres recevaient en retour des secours précieux lorsqu'ils étaient malades.

Il nous souvient qu'un jour Laroudie découvrit qu'un des membres de la société, non seulement complotait contre son autorité, mais, qui plus est, n'avait pas fait ses Pâques ! Il n'en revenait pas.

« C'est un traître, » disait-il, « un Judas !

« Le règlement, conforme à la loi de l'Église, dit : Ton Créateur tu recevras au moins à Pâques... ce qui ne veut pas dire qu'il ne faut pas le recevoir plus souvent ; eh bien, il ne le recevait même pas à Pâques ! Oui, c'est un Judas !

« Méfiez-vous de ces gens qui ne sont jamais satisfaits ; leur mécontentement tient surtout à ce qu'ils n'ont pas à être fiers d'eux-mêmes. Ce sont des Judas ! »

On écoutait tranquillement le bon Laroudie, on le calmait, et surtout on admirait l'indignation que provoquait en lui la vue, la constatation du mal. S'il était si véhément contre les indisciplinés et les mauvais chrétiens, il était d'une extrême bonté pour tous les autres.

Son caractère si abrupt, mais si droit, son cœur si facile à soulever, mais si bon, lui avaient attiré non seulement le respect de ses égaux et l'estime de ses supérieurs, mais la confiance de tous ceux qui le connaissaient. Il était le confident de bien des peines, de bien des soucis.

Nous en avons trouvé la preuve dans les lettres que nous avons eues entre les mains, lettres qui lui avaient été adressées et qui étaient oubliées au fond d'un tiroir avec d'autres documents. Nous disons intentionnellement *oubliées*, car, quelques jours avant sa mort, Laroudie avait prié sa sœur de brûler tous ses papiers.

Mademoiselle Laroudie eut la malencontreuse idée de lui obéir séance tenante. Le feu dévora une foule de pièces qui eussent authentiquement dévoilé les trésors de charité et de générosité de celui qu'elles concernaient. On conçoit la déception que nous éprouvâmes lorsque nous eûmes connaissance de ce regrettable autodafé.

Cependant, en retournant des tiroirs, nous retrouvâmes un certain nombre de lettres ; toutes étaient précieuses, toutes devaient nous être d'une grande utilité. Le Bon Dieu a permis qu'elles soient restées hien cachées dans les coins et qu'elles aient échappé au feu ; qu'il en soit béni ! Elles prouveront en quelle estime était son serviteur fidèle, elles montreront ce dont il était capable, et, de même que les baliveaux, dans les coupes de bois, indiquent que sur le terrain où on les a laissés, il y avait une futaie, elles démontreront que dans l'appartement vide où nous les avons recueillies avait vécu un saint.

Nous avons dit déjà que jamais Laroudie ne perdait l'occasion de donner un bon avis : nous en trouvons la preuve dans un brouillon de lettre laissé par lui. Il écrivait à une parente au nom de sa sœur, et, comme on va le voir, mêlait sa morale à la causerie amicale de celle qui lui dictait sa lettre. Après avoir remercié des souhaits de bonne année qui lui avaient été adressés, mademoiselle Laroudie lui faisait écrire :

Mon frère ne travaille pas beaucoup, plus il va, plus le commerce est mort, aussi je n'ai été voir personne, pour le 1ᵉʳ janvier, je n'ai rien acheté pour aucun des petits, et cela me contrarie bien de ne rien pouvoir envoyer à Jeanne, mais le manque de travail est si grand, qu'il m'est impossible de faire la moindre dépense.

Et le bon Jean-Baptiste ajoutait ces réflexions qui étaient bien de son cru :

« Vous me dites que Jeanne est bien mignonne : je veux bien le croire, mais ne lui passez pas trop ses petites volontés, parce que souvent les parents sont aveugles sur les petits caprices des enfants, et quand ils sont plus grands, souvent ce sont des défauts dont ils se corrigent très difficilement ; il ne faut pas l'élever pour vous seule, un peu pour tout le monde. Elle est bien mignonne d'avoir pensé à moi dans ses petites prières, vous l'embrasserez bien pour moi. »

Ces conseils étaient toujours les bienvenus : quand on ne les recevait pas, soit que Laroudie y mît de la discrétion, soit qu'il ne crût pas qu'on pût en avoir besoin, on les demandait.

Du reste il était aimé de tous ceux qui l'avaient un instant connu.

Le 5 juillet 1883, un de ses anciens voisins, qui était en même temps son propriétaire, ayant quitté Limoges pour aller s'installer à Paris, lui écrivait :

CHER MONSIEUR LAROUDIE,

Je vous prie de m'excuser de ne pas vous avoir donné plus tôt de nos nouvelles, cependant je peux vous assurer que tous nous pensons souvent à vous et à mademoiselle votre sœur. On ne peut, en effet, oublier de si anciennes et bonnes relations ; il est tant de si estimables souvenirs qui nous sont présents à la mémoire, à vous comme à moi, se rattachant à nos deux familles. Enfin, cher monsieur Laroudie et vous chère mademoiselle, nous conserverons toujours un bon souvenir de vous, soyez-en persuadés, et nous serons très heureux quand il nous sera permis de nous revoir.

. . . .

Vous ne devez pas douter, cher monsieur Laroudie, que si j'eusse continué les affaires nous eussions vécu encore sous le même toit, et j'en aurais été très heureux. Je vous remets ci-inclus le reçu de votre loyer et je joins également la somme de 1 fr. 50 en timbres de poste pour vous faire le remboursement d'une brosse que Fanny avait empruntée à mademoiselle Julie et que par erreur nous avons emportée.

Ma femme, les enfants et moi nous nous rappelons à votre bon souvenir et à celui de mademoiselle Julie, et nous vous offrons nos meilleures amitiés.

Votre bien dévoué.

J. B.

Voilà dans quels termes étaient deux ouvriers ayant longtemps vécu côte à côte, l'un locataire de l'autre, ce qui trop souvent est une cause de discorde.

Il convient d'ajouter que Laroudie et sa sœur constituaient des voisins à part.

L'influence du saint ouvrier sur ses camarades et sur les jeunes gens était connue de tout le monde.

Que de fois il rendit service à des ouvriers dans les larmes en donnant une semonce à ceux qui les faisaient pleurer !

Que de fois il rattrapa sur le bord de l'abîme de jeunes âmes prêtes à y tomber !

On le savait : aussi lorsqu'on était dans la peine, on s'adressait à lui avec la certitude d'obtenir tout ce qu'on demanderait.

Nous en avons trouvé la preuve dans la lettre suivante qui lui était adressée de Guéret, le 29 novembre 1884 :

Monsieur,

Connaissant depuis bien des années votre zèle pour procurer la gloire de Dieu et le salut des âmes, permettez-moi d'avoir recours à votre bienveillance pour faire un peu de bien à un enfant qui m'est cher au-delà de tout ce que je pourrais vous dire: c'est mon jeune frère, l'unique consolation de ma mère veuve et âgée. Ce pauvre enfant a été placé dans un atelier, celui de M. X..., où il subit de mauvaises influences: je crains qu'elles ne lui soient funestes.

Je voudrais, monsieur, qu'avec bien des ménagements, vous pussiez arriver à faire consentir ma mère à le changer de place. Cette pauvre mère a été si éprouvée que son caractère en souffre beaucoup ; cependant je dois dire que le Bon Dieu lui a fait une grande grâce en lui donnant une foi vive qui s'est manifestée dans toutes ses épreuves.

Ce qui m'a déterminée à vous écrire, monsieur, c'est une lettre de madame L..., que je recevais il y a deux jours. Cette chère dame me disait le désir qu'elle avait de vous parler de mon frère ; mais elle disait la difficulté de vous rencontrer, étant à X... et venant rarement à Limoges à cause de son état de souffrance. Vous voudriez bien, monsieur, si ce n'est pas indiscret de ma part, aller vous-même au-devant de cette bonne dame pour voir ce qu'il y aurait à faire pour le bien de ce pauvre petit.

Combien je me sentirais soulagée s'il m'était donné de recevoir de votre part l'assurance de cette protection que je réclame et dont je vous serai éternellement reconnaissante.

S. P.

Il est certain que Laroudie fit ce qu'on attendait de lui.

Il s'agissait d'une âme à sauver et en pareille circonstance il n'hésitait jamais.

Pour ramener un cœur à Dieu, il serait allé au bout du monde.

Laroudie était le grand consolateur de toutes les infortunes, le *refugium* vers lequel on courait en cas d'embarras.

Nous avons entre les mains d'autres pièces, qui nous prouvent que dans toutes les situations, les plus hautes comme les plus modestes, on s'adressait à lui.

On était si bien écouté !

On savait si bien quel était le pouvoir du digne ouvrier que, quelquefois, les requêtes allaient jusqu'à l'indiscrétion.

Laroudie ne s'en étonnait pas, il répondait à tous et s'efforçait de rendre le service qu'on lui demandait à lui, obscur ouvrier, dépourvu de tout, n'ayant pour vivre que son travail.

Parmi les lettres que nous feuilletons nous n'en citerons plus qu'une dans ce chapitre.

C'est celle qu'écrivait à Jean-Baptiste un jeune séminariste doutant de sa vocation.

On comprendra qu'un motif de discrétion ne nous permette pas de donner la date et le point de départ de cette lettre.

Elle fut écrite par un jeune homme bien élevé, instruit, qui, en s'adressant au pauvre ouvrier tanneur, prouva dans quelle estime il le tenait.

Il avait eu l'occasion déjà sans aucun doute, de mettre sa complaisance à contribution ; dans tous les cas, il lui écrivait avec l'abandon et la confiance que l'on témoigne à un puissant protecteur, à un ami sur lequel on peut compter.

Qu'on en juge :

A. M. D. G.

Grand séminaire de...

Bien cher ami,

Je viens me délasser quelques minutes auprès de vous. Comme vous le savez, je suis au grand séminaire depuis le 4 octobre, et après une bonne retraite, j'ai abordé de front ces thèses philosophiques qui certes ne manquent pas de charmes. Le séminariste qui a une vocation très prononcée se trouve bien ici dans son élément, son âme y respire au grand air ; mais la vie y est dure et pénible pour celui qui ne se sent pas appelé de Dieu à devenir plus tard le ministre de ses autels.

Vous connaissez bien, cher ami, tous les bons sentiments qui m'animent ; vous savez combien je désire lui plaire et le servir là où il le jugera à propos. Eh bien ! faut-il vous le dire ? après maintes et maintes réflexions sur moi-même, après avoir consulté de nombreuses fois mon directeur, je doute de ma vocation. Mon directeur, homme très expérimenté et très éclairé dans la direction des âmes, m'a dit de ne pas marcher ainsi au hasard, et, pour plus de prudence, il m'a conseillé de demeurer un an ou deux pour étudier ma vocation. Que faire en attendant ? J'ai la soutane et je ne voudrais pas la poser pour la reprendre plus tard. Je n'ai donc qu'un chemin devant moi : c'est d'aller en préceptorat. Le père supérieur du séminaire se charge bien de me trouver une maison où je pourrais entrer pour élever des enfants, mais ce n'est pas de sitôt. Je ne veux pas non plus retourner chez mes parents en attendant qu'il m'ait trouvé une place : c'est pourquoi je viens vous prier de vouloir bien m'avertir si vous connaissiez quelque maison où je pourrais aller. Peut être en demandant au supérieur du séminaire de Limoges, parviendriez-vous à me trouver quelque place. J'irai n'importe en quel endroit pourvu que la maison soit honorable. Si vous réussissiez dans vos recherches, vous voudriez bien être assez bon, cher ami, pour me recommander et en même temps pour m'écrire aussitôt. Je vous en conserverai toujours, soyez-en sûr, une profonde gratitude.

Plaignez-moi, cher ami, de me trouver dans une situation aussi triste : je voudrais être auprès de vous pour vous faire connaître toutes mes peines intérieures en comparaison desquelles les peines physiques ne sont rien.

Adieu, bien cher ami, ne m'oubliez pas et comptez toujours sur mon bon souvenir.

J. J.

P. S. — Le père supérieur vient de me dire que ma place ne sera pas libre avant un mois : en conséquence, si vous en trouvez une plus tôt, veuillez m'en avertir.

Quelques-uns seront peut-être surpris de l'importance que l'on donnait à ce simple ouvrier.

Parmi les documents que nous avons reproduits et que nous reproduirons encore dans le cours de cette biographie, on ne trouve pas en effet que des lettres d'artisans ; on en lira et des plus significatives qui ont été écrites par des gentilshommes, par des prêtres, par des religieux.

D'où venait donc que le pauvre Laroudie eut une aussi volumineuse correspondance ?

Eh ! mon Dieu, la réponse est bien simple.

Cela venait tout simplement de ce que la vertu avait transformé l'humble travailleur.

Lorsqu'on l'avait fréquenté, on oubliait sa blouse, ses mains calleuses, ses apostrophes dépourvues de toute précaution oratoire lorsqu'il s'agissait de terrasser le mal, pour ne voir que sa belle âme virginale, tout imprégnée de charité.

Sa vertu lui donnait l'incontestable ascendant qu'il employait à rendre service.

Les nombreuses suppliques qu'il recevait, tout en proclamant la confiance que l'on avait en lui, rendaient un indirect hommage à la vertu grâce à laquelle il pouvait tout demander, tout oser et tout dire.

Nous avons vu Laroudie à son atelier, nous l'avons montré bon camarade : les lettres que nous avons données ont laissé deviner quelle était sa réputation, il nous reste à parler de lui à un autre point de vue, sur lequel il n'est pas sans intérêt d'insister.

Aujourd'hui, une des plaies de la société, c'est la politique.

Autrefois on n'en faisait qu'au Parlement. Maintenant elle s'est glissée partout.

En entrant dans les mœurs du pays, elle lui a enlevé le premier des biens, la paix sociale et religieuse.

Quel était l'ouvrier, il y a cinquante ans, qui, nous ne dirons pas recevait ou achetait un journal, mais même le lisait ?

Il nous faut bien avouer que c'est le contraire qui existe de nos jours. On pourrait compter les ouvriers qui ne lisent pas.

La lèpre de la mauvaise presse s'est étendue sur la France et a contaminé le peuple. De la lecture d'un journal à la politique militante, il n'y a qu'un pas qui a été vite franchi.

Malheureusement, la politique préférée des masses est la plus déplorable ; de là viennent nos malheurs.

On a essayé d'opposer la bonne presse à la mauvaise ; les résultats jusqu'ici n'ont pas été aussi brillants qu'on était en droit de l'espérer.

D'où cela vient-il ?

De l'apathie des bons et de l'ardeur des méchants.

Laroudie, excellent ouvrier, était un irréprochable citoyen, mais un ennemi déclaré de la politique.

Il n'en faisait jamais ; jamais il ne se mêlait à une discussion sur ce thème : son esprit et son cœur étaient plus haut.

Il était resté absolument étranger aux divers mouvements populaires que les révolutions avaient occasionnés et, si nous avons découvert quelles étaient ses préférences dynastiques, c'est que nous avons trouvé chez lui la photographie de celui sur lequel il avait le droit de compter pour relever sa patrie, de celui dont les fermes principes eussent été un gage de bonheur pour le pays.

Malheureusement ses espérances avaient été déçues avec celles de tant d'autres, et il n'espérait plus qu'en Dieu.

Les journaux, à part peut-être *La Croix* et très rarement la feuille conservatrice du département, n'entraient jamais chez lui.

Cela ne veut pas dire qu'il restait indifférent, sans souci de remplir ses devoirs de citoyen.

Tant s'en faut.

Lorsqu'une élection devait avoir lieu, il ne s'abstenait jamais, pensant avec raison que l'abstention est presque la complicité du mal.

Nous avons sous les yeux une de ses cartes d'électeur.

Elle est ainsi libellée :

ÉLECTIONS MUNICIPALES DU 6 MAI 1888.

————

N° 2096. — LAROUDIE Jean-Baptiste.
Age. — 1825.
Profession. — Corroyeur.
Domicile. — Boulevard du Collège, 15.

Le maire de Limoges :

L. JOLY.

Cette carte a les deux coins du haut déchirés, preuve certaine que son propriétaire a voté aux deux tours de scrutin.

Il serait à souhaiter que tous les braves gens, ouvriers et autres, fissent aussi consciencieusement leur devoir : le pays ne serait pas où il en est.

Avant de clore cette étude de Laroudie ouvrier, il nous reste à parler d'une épreuve que Dieu lui envoya dans les dernières années de sa vie.

En 1888, croyons-nous, il resta plusieurs mois, l'année tout entière peut-être, sans pouvoir trouver de travail.

Ce fut pour lui un rude coup.

La pauvreté avait toujours été son lot, il l'aimait, y était fait ; mais le jour où elle sembla vouloir faire place à la misère, le choc fut douloureux.

La misère ne vint pas ; elle ne pouvait pas venir par la raison toute simple qu'au foyer des Laroudie était solidement assise la vertu, et que la misère, fille du vice, ne saurait la coudoyer.

La pauvreté est une des conditions de la vie sociale que Dieu permet pour le bien même de l'humanité.

La misère est la punition de l'oubli de Dieu, elle frappe surtout les familles et les peuples sans moralité.

La pauvreté s'accentua donc dans le ménage des Laroudie. Ils n'en faisaient rien voir, mais n'en souffraient pas moins. Depuis de longues années, une bronchite chronique, dégénérée en catarrhe, fatiguait le digne ouvrier. Un régime réconfortant et surtout un peu de vin lui eussent été nécessaires : il dut se contenter de sa soupe et ne but que de l'eau pendant de longs mois.

Comme on savait qu'il ne travaillait pas, n'avait pas d'économies, donnant aux pauvres et aux bonnes œuvres tout ce qu'il pouvait mettre de côté, on voulut secrètement l'aider.

On se heurta à des refus persistants et catégoriques.

En vain on s'adressa à son père spirituel, à sa sœur, à lui-même : tout fut inutile.

M. l'abbé Bouillaud, vicaire à l'église Saint-Pierre, se fâcha, le traita d'orgueilleux : il ne fut pas plus heureux.

Ce n'était cependant pas l'orgueil qui dictait à Laroudie une attitude aussi fière et aussi discrète.

Outre l'éducation première qu'il avait reçue de sa mère, éducation qui lui avait toujours appris à donner et à ne jamais tendre la main, il y avait un autre sentiment qui le faisait agir.

Quelquefois des ouvriers mal appris, cruels, avaient poussé la taquinerie jusqu'à dire à leur digne camarade que, s'il était pieux, s'il fréquentait l'église, c'est qu'il y trouvait bien son profit.

Rien n'était plus faux ! Mais Laroudie ne voulait pas que quoi que ce fût pût donner un semblant de vérité à une pareille accusation.

Non pas pour ce qu'on aurait pu penser et dire de lui, l'accusation lui importait peu et il ne s'y arrêtait pas, mais pour l'exemple, pour l'impression qui en serait résultée dans l'esprit d'autres travailleurs comme lui.

Il préférait souffrir, lui, si sincèrement chrétien, et ne pas accepter le moindre secours, plutôt que de fournir à d'autres le prétexte de dire : Je ferai comme Laroudie, et on me viendra en aide, sans rechercher si ma piété est vraie ou simulée.

Il ne voulait pas, en acceptant des secours, créer une école d'hypocrisie.

Pendant cette épreuve, le *Cercle Saint-Étienne* avait envoyé de l'ouvrage à sa sœur, rempailleuse de chaises; le directeur du cercle, M. A. Maupetit, en réglant le travail qui avait été fait, avait majoré de quelques francs ce qui était dû ; Laroudie s'en aperçut, protesta et refusa net.

M. l'abbé Bouillaud, qui avait employé le même subterfuge, ne réussit pas mieux.

M. Boutaud, grainetier, avenue du Pont-Neuf, voulant essayer à son tour, avait prié Jean-baptiste de venir chez lui trier des haricots.

Laroudie s'empressa d'y aller.

Lorsque le travail fut achevé, M. Boutaud lui donna dix francs.

« Qu'est-ce que c'est que ça, » s'écria Laroudie, « croyez-vous donc que je ne sais pas ce que vaut mon travail ? gardez votre pièce, il ne m'en revient que la moitié. »

A force de discuter, M. Boutaud finit par lui faire accepter six francs !

Sa situation était cependant très précaire ; il vieillissait, souffrait, dépérissait ; peut-être le travail lui ferait-il défaut à tout jamais, il fallait aviser.

On lui offrit la situation de chaisier à Saint-Pierre.

Il remercia et n'accepta pas.

Le motif de sa détermination ne put être que celui qui le poussait à refuser tout secours.

Il avait confiance en Dieu et ne comptait que sur sa divine providence.

Comme quelqu'un lui reprochait ce dernier refus, il répondit : « Je ne veux pas vivre de l'église. »

En 1889, il retrouva du travail et fut de nouveau embauché; mais ses forces s'étaient usées, les privations de l'année précédente l'avaient miné, et il reconnaissait que ses bras n'avaient plus la vigueur d'autrefois.

Son patron s'en était aperçu bien davantage ; après s'être entendu avec des personnes charitables, il ne l'employait qu'à des travaux particuliers, recevant en sous main une partie de l'argent qu'il lui remettait.

Le bon Laroudie ne le sut jamais.

Enfin, Dieu mit un terme à ses souffrances et à son exil sur cette terre.

« Je demande à Dieu de me reprendre lorsque je ne pourrai plus travailler, disait-il. »

Il fut exaucé.

Un jour, il quitta son atelier, pour n'y plus revenir : il allait recevoir au ciel la récompense due à ses vertus.

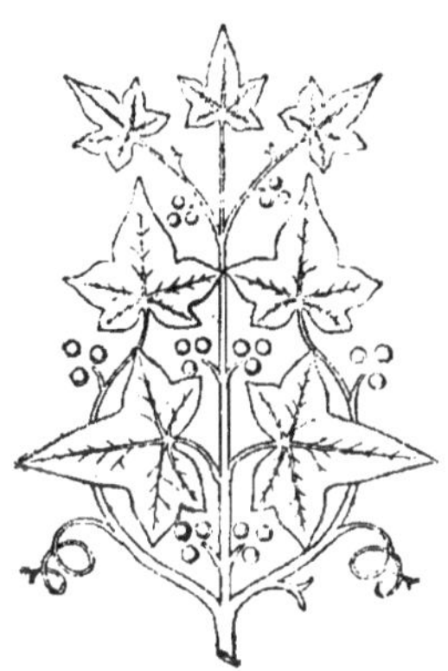

CHAPITRE CINQUIÈME.

Le Chrétien.

N a pu voir, dans les pages précédentes, quelle résignation, quelle énergie de caractère, quel courage, quel amour du travail avait Laroudie. Le secret de sa force était dans sa piété. Que de gens, que d'ouvriers surtout, élevés comme lui dans des habitudes chrétiennes par une bonne mère, oublient tout cela lorsqu'ils sont devenus hommes ! C'est la cause de leurs maux.

Le bonheur du saint ouvrier de Limoges fut qu'il n'oublia jamais les leçons de sa mère et de ses maîtres, et que le temps, au lieu d'affaiblir sa piété, la fortifia. Dieu se plaît à prodiguer ses grâces aux âmes simples et humbles ; Laroudie en fut comblé et ne manqua aucune occasion de correspondre aux desseins de Dieu sur lui. Là est le secret de tout le bien qu'il a opéré par la grâce divine. C'était, dans toute la force du terme, un grand et solide chrétien.

Enfant et jeune homme, à la *Persévérance* de l'abbé Dubreuil, son bonheur avait été d'aller, aux jours de fête, servir et chanter la messe au Palais et à Feytiat.

Ouvrier, homme fait, ses meilleurs moments étaient ceux qu'il passait à l'église St-Pierre, sa paroisse.

Nous avons recherché si le brave garçon avait fait partie jadis des antiques confréries de Pénitents. Nous n'avons trouvé son nom nulle part.

Voulant en savoir la raison, nous avons questionné sa sœur, qui nous a répondu :

« Mon frère n'aimait pas les sociétés où l'on avait l'habitude de boire. »

Le mot était peut-être cruel, mais il était malheu-

reusement exact. Si autrefois, même au commencement
de ce siècle, les confréries de Pénitents étaient irréprochables, elles ne l'étaient plus à l'époque à laquelle
Laroudie aurait pu y entrer. Il n'est que trop vrai que
la licence allait parfois un peu loin chez les Pénitents ;
ainsi l'habitude de plusieurs de quitter les processions
pour entrer au cabaret suffisait pour éloigner d'eux les
hommes pieux, austères, sincèrement religieux.

Mais si Jean-Baptiste n'avait pas voulu adopter le
sac et la cagoule, il avait fait mieux, il était entré dans
les Conférences de St-Vincent de Paul, puis dans le
Tiers-Ordre de St-François d'Assise.

Les Conférences de St-Vincent de Paul étaient bien
faites pour attirer l'âme, si ardente au bien, si charitable, si généreuse de Laroudie.

Dès qu'il fut admis au nombre des membres actifs,
il se dévoua comme toujours à sa tâche et, véritable
père des pauvres, devint un sujet d'édification pour
tous ses confrères.

Avant de le suivre à la Conférence et dans ses visites
chez les pauvres, observons-le dans sa paroisse.

Membre des confréries du Saint-Sacrement et des
âmes du purgatoire, il assistait à tous les offices.

Tous les jours, nous l'avons dit, il était à la première
messe. Il y communiait plusieurs fois par semaine, et
c'était un spectacle vraiment touchant que de le voir
dans sa blouse bleue, les mains jointes, sa bonne figure de
saint penchée sur sa poitrine, quittant la Sainte Table
pour aller rejoindre sa place au banc des âmiers (1), le
long de l'avant-chœur, du côté de l'Évangile.

Là il faisait une longue action de grâce, souvent
entrecoupée par une toux persistante.

Le dimanche, il quêtait à tous les offices pour les

---

1. On appelle âmiers à Limoges, les membres de la confrérie des âmes
du purgatoire.

âmes du purgatoire et se montrait alors dans son costume des grands jours, en tenue d'ouvrier aisé.

Cet homme, grand, maigre, chauve, la face rasée, aux cils et sourcils blonds, au nez un peu fort, rappelant le profil de saint Bruno, sortant de la sacristie précédé du suisse, c'était lui ! Il parcourait les rangs des fidèles, un peu voûté, bien serré dans sa longue redingote noire, son pantalon de même couleur, laissant voir ses gros souliers sur lesquels il ne tombait pas. A chaque sou qu'on déposait dans son plateau il répondait un : « Dieu vous le rende » ! bien sonore, et sa tête s'inclinait en signe de remerciement, ne craignant pas de froisser le col de grosse toile, bien blanc, autour duquel était deux ou trois fois enroulée une large cravate noire.

Après la messe il se mettait à la porte de sortie de l'église et quêtait pour les écoles chrétiennes, aidant dans cette tâche le comité de cette œuvre dont il comprenait toute l'importance.

A l'heure des vêpres, Laroudie était à son banc. A la bénédiction, un cierge à la main, il allait s'agenouiller au pied de l'autel, avec les confrères du Saint-Sacrement, et le reste de sa journée se passait à visiter les pauvres ou à faire du catéchisme.

A l'époque de la Toussaint, le clergé de Saint-Pierre descend dans la crypte de l'église et donne l'absoute aux défunts dont les ossements, extraits du cimetière qui entourait autrefois l'édifice, ont été déposés dans les ossuaires installés à cette intention.

Les âmiers accompagnent les prêtres.

Laroudie ne s'en tenait pas là ; il restait des heures entières dans le funèbre caveau, en compagnie des crânes blanchis, priant pour les pauvres âmes de ces trépassés, faisant de salutaires méditations.

Cela se renouvelait à plusieurs reprises, l'absoute étant donnée, autant qu'il nous en souvient, trois ou quatre fois et à des jours différents.

Communiant souvent, Laroudie se confessait tous les huit jours.

Il avait pour directeur un Père oblat. C'est lui qui put surtout apprécier tout ce qu'il y avait de grand, de généreux et de saint dans l'âme de son pénitent !

Au temps où l'idée ne venait à personne d'interdire des processions séculaires, Jean-Baptiste s'occupait dans leur organisation des porteurs du dais pour le Saint-Sacrement.

Nous avons retrouvé dans ses papiers la liste de ces porteurs pour la procession générale de 1878. Elle était ainsi composée :

MM. Laroudie, Boyer, Pradeau, Courty, Dardeau, Châtenet, Descombes, Bonnafi Jean, Bonnafi Antoine, Peylet, Clément, Jacquet, Lacord, Pourret, Poumarède, Marginier, Sautour, Sagnardou, Chantal, Jacques, Darembert et Rigaud.

D'une complaisance et d'un dévouement extrêmes, Laroudie acceptait, sollicitait tous les labeurs, toutes les corvées.

Se multipliant pour les processions, il courait aussi à domicile pour recueillir des souscriptions lorsqu'il le fallait ; c'est ainsi que nous avons trouvé une autre liste portant en tête : *Souscription pour le Vœu national*, sur laquelle il figure le premier avec un versement d'un franc.

Nous n'en devons pas être surpris : sa bourse était toujours ouverte, et ouverte à tous.

Nous renonçons à publier le texte de toutes les demandes d'argent qui lui étaient adressées.

Il faudrait un volume supplémentaire.

Les catholiques savent que lorsqu'un nom a une fois paru dans une liste d'offrandes livrée à l'imprimerie, comme par exemple dans le bulletin de l'œuvre du *Vœu national*, immédiatement toutes les personnes pieuses qui ont entrepris, soit la construction d'une école, soit l'érection d'une chapelle, soit la restauration d'une église, adressent à ce nom des demandes identiques tendant à obtenir un secours.

Le plus souvent les destinataires, ayant à subvenir aux œuvres diocésaines ou d'intérêt général, comme le *Vœu national*, sont obligés de ne pas tenir compte, autant qu'ils le voudraient, de ces sollicitations.

Laroudie n'agissait pas ainsi. Il semble résulter des talons de mandats trouvés dans ses tiroirs, qu'il envoyait toujours son obole, quelque modeste qu'elle fût. Nous avons sous les yeux les preuves que cette obole était souvent de 5 francs !... Et il gagnait à peu près 3 francs par jour !

Une lettre lui demandant prières, aumônes et honoraires de messe pour une œuvre catholique en Bulgarie, ne resta certainement pas sans réponse. Elle lui était adressée par un ancien compagnon de pèlerinage à Jérusalem ; or, rien que l'évocation de ce souvenir nous permet de dire, sans témérité, que l'ancien pèlerin de la pénitence donna généreusement.

Au reste, lorsqu'il avait de l'argent, il ne le marchandait pas, surtout s'il s'agissait de permettre à un pèlerin de faire les frais de son voyage, ou s'il fallait aider à la propagation de la foi catholique. Lorsqu'il n'en avait pas, lui, si fier, si inflexible lorsqu'on voulait lui en faire accepter pour lui, même à titre de prêt, se faisait mendiant pour les autres, mais toujours en y mettant une grande discrétion, une admirable réserve.

Citons un seul fait :

Il reçut en janvier 1889, une lettre ainsi conçue :

> Mon cher Laroudie,
>
> En qualité d'ancien confrère et camarade de pèlerinage, en Palestine, permettez-moi de venir vous demander un service.

Vous qui, quoique simple ouvrier, connaissez tant de monde à Limoges, et surtout tant de gens riches et distingués, ne pourriez-vous pas me faire le plaisir de trouver une famille qui voulût se faire représenter à Rome au mois de septembre (dans le pèlerinage ouvrier) ?

Vous qui faites la pluie et le beau temps dans votre ville, je suis sûr que dans moins de huit jours je vais recevoir de Laroudie une réponse favorable.

Souvenez-vous de votre ancien voisin de table, au réfectoire des Frères de Jérusalem, et songez que si vous tenez à le voir de nouveau à vos côtés, en chemin de fer et en Italie, cela dépend de vous et de votre zèle à trouver 100 ou 200 fr. au plus pour son voyage.

Si vous me rendez ce service, devant aller à Paris en juin prochain, je m'arrêterai exprès à Limoges pour vous remercier et vous serrer la main en passant.

Vous pouvez y compter, je vous le promets, mais auparavant faites-moi compter de 150 à 200 fr. par une âme charitable.

Tout à vous

X. de X...

Cette demande parut-elle indiscrète à Laroudie ? Nous l'ignorons.

Y donna-t-il satisfaction ? Tout porte à le croire.

En effet, nous avons dit que nulle bonne œuvre ne réclamait en vain son concours ; ajoutons qu'il n'attendait pas, comme dans le cas dont nous parlons, qu'on le demandât. Pendant que d'autres, d'un rang social plus élevé, sollicitaient pour les œuvres des secours qui doivent toujours être en rapport avec les ressources des bienfaiteurs ; lui, de son côté, recueillait discrètement l'obole des pauvres. C'est qu'il savait combien elle est précieuse devant Dieu, de quel poids elle pèse dans la balance de sa justice et de sa miséricorde. Dieu seul connaît ce qu'il y joignait, en le prenant sur son pauvre nécessaire.

Le Bienheureux de la Salle, faisant l'école,
d'après un tableau de MARIANI, offert à Sa Sainteté Léon XIII.

Ce n'est pas sans émotion que sur un des livrets de souscription en faveur de l'œuvre du Vénérable de La Salle, pour le recrutement des Frères de l'école chrétienne, nous retrouvons, à la date du 24 août 1883, cette annotation : Laroudie, collecte, 25 francs.

Il avait à un si haut degré la mémoire du cœur ! comment eût-il pu oublier ces bons, ces admirables Frères dont la vie, toute de dévouement et de sacrifices, est entièrement vouée à l'éducation chrétienne de l'enfance, auxquels il était redevable de ses sentiments et des grâces insignes que Dieu se plaisait à répandre sous ses pas ?

Ce que nous disons de quelques œuvres en particulier, nous pouvons l'appliquer à toutes ; car rien de ce qui touchait à la charité ne lui était étranger, ne le trouvait insensible.

Et lui si généreux, si attentif aux besoins des indigents, si dévoué à les secourir, ne permettait pas qu'on l'assistât lui-même.

Un jour vint, nous l'avons dit, où le travail lui manqua. C'était son pain quotidien qu'il n'avait plus, c'était l'extrême pauvreté et ses angoisses ! Il l'avait vue de près si souvent ; il n'en fut point effrayé, pénétré de cette idée, de ce principe fondamental dans la vie du chrétien que jamais la Providence n'abandonne ceux qui, remplissant tous les devoirs dont ils sont tenus, mettent en elle leur confiance. Il se borna à redoubler de prières et d'austérités.

Sa foi et son espérance ne furent pas trompées. La Providence permit que l'on connût cette épreuve, cette détresse. Aussitôt on s'empresse de ramasser une somme suffisante afin d'y pourvoir.

Elle est remise à M. Abel Lemaigre, président du Conseil particulier des Conférences de Saint-Vincent de Paul de Limoges.

L'embarras de M. Lemaigre était de la faire accepter. Il avait une connaissance intime de Laroudie, il l'aimait de cette affection qui s'impose à l'égard de tels chrétiens, et il était heureux de le lui témoigner en toute occasion ; mais il le savait intraitable sur toute question où sa nature franche et loyale, sa conscience délicate croyaient la dignité personnelle sinon atteinte, du moins engagée.

Il le blâmait de ce caractère inflexible ; néanmoins, il ne pouvait se défendre de l'admirer. En ces temps malheureux d'affaissement moral, d'abaissement des âmes où, par un renversement de l'ordre providentiel, le devoir est primé par l'intérêt matériel, ce qui est l'explication de tant de défaillances et de bassesses honteuses, le désintéressement du brave ouvrier n'était-il pas digne d'éloges ?

En le voyant abuser de ses forces physiques, n'avoir aucun souci d'une santé déjà délabrée par les privations, les labeurs, les fatigues incessantes, et ne tenir aucun compte de ses conseils, il lui disait :

« Mon brave Laroudie, un saint manquait au ciel : c'est saint Têtu ; vous serez ce saint !

— Bah ! bah ! » répondait Laroudie, « je sais ce que je fais, et je n'ai nullement la prétention de me fier à mes prétendus mérites pour gagner le ciel ; mais la miséricorde du Bon Dieu est toujours acquise à qui l'implore avec foi et confiance. Là est mon espérance.

« En attendant, je vous remercie, et priez beaucoup pour un pauvre pécheur tel que moi. Je le ferai pour vous, comme vous le désirez ; mais que vaudraient mes pauvres prières si Dieu, qui est si bon, ne leur donnait lui-même, par le sang de JÉSUS-CHRIST, son divin Fils, notre Sauveur et notre Rédempteur, la valeur qu'elles ne peuvent avoir par elles-mêmes ? »

Toute démarche directe près de Laroudie, relativement à l'acceptation de cette somme, paraissant inutile, on s'adressa à sa sœur ; mieux que personne elle pouvait, sans qu'il s'en doutât, pourvoir à ses besoins. On se heurta contre la même obstination, la même fierté ; puis, elle avait expérimenté maintes fois la rigidité de ce caractère.

On imagina de recourir à l'intervention du directeur de conscience ; vains efforts !

Il fallait, pourtant, sortir de cette situation inextricable. On se décida à s'en ouvrir franchement avec Laroudie et à lui révéler qu'on était chargé de lui remettre de l'argent.

Sans se préoccuper ni de la somme ni de sa provenance (ou de son origine), il se contenta de répondre :

« Ah ! c'est bien, c'est bien, vous l'avez, gardez-la ! »

Cette réponse était prévue, mais on ne pouvait plus attendre ; le dépositaire déclara qu'il allait s'absenter pour longtemps, et qu'il n'entendait pas conserver un dépôt qui avait une destination spéciale, immédiate, et qui, d'ailleurs, le gênait.

« Vous ne voulez pas, je présume, » ajouta-t-il, « charger ma conscience en m'obligeant à faillir à ma mission, à mon mandat ? »

Laroudie se résigna à sa manière.

Une première fois, il vint demander une faible partie de la somme. Son ton était humble, son attitude contrainte, on eût cru qu'il venait solliciter un service.

« Cette somme est-elle pour vous ? » lui dit-on, « car il n'est pas permis de la détourner de sa destination !

— C'est bien pour moi, puisque c'est moi qui la demande et que c'est à moi que vous la donnerez, et non à un autre. »

On n'osa insister, il prit la somme.

Pressé de questions, il finit par avouer qu'elle était réservée à de pauvres gens étrangers, traversant

Limoges et allant en pèlerinage à Rome, à court de ressources.

Que lui restait-il à recevoir encore sur l'argent déposé? il ne s'en enquit nullement, il ignorait jusqu'au chiffre total lui-même.

Puisque l'obligation lui était imposée d'en recevoir le reliquat, et sans autre retard, il revint bientôt le retirer.

La somme, relativement importante, se trouvait supérieure à celle qu'il supposait.

Peu de jours après, M. Lemaigre est abordé par quelqu'un qui lui dit :

« Vous êtes donc parvenu, non sans peine, certainement, à vous décharger d'une somme qu'on vous avait confiée pour Laroudie ? Si je ne suis pas trop indiscret, quelle est-elle ? quel argent lui avez-vous versé ? »

M. Lemaigre en indiqua le chiffre.

« Il a tout donné, » reprit son interlocuteur, « j'en suis sûr ; je puis préciser les faits et leurs circonstances. »

Il est plus que probable que l'on voulait parler de la requête que nous avons enregistrée plus haut.

Sa charité ne se manifestait pas seulement par ces envois d'argent, elle était surtout admirable près des pauvres familles, secourues par la Conférence, qu'il avait mission de visiter. M. Bourdeau d'Antony, le sympathique professeur de dessin dont tout le monde à Limoges a admiré les beaux travaux, était son confrère ; il fit avec lui les visites pendant longtemps. Il nous disait qu'il était touchant de douceur et de charité, mais qu'il évitait toujours d'accomplir devant lui les actes héroïques qui n'ont été connus que par le récit qu'en ont fait les pauvres qui en étaient l'objet.

Les occupations de M. Bourdeau d'Antony et celles de Laroudie ne leur permettant pas de continuer en-

semble leurs tournées, ils les firent individuellement.
Leur âge et leurs situations respectives leur donnaient le
droit d'agir ainsi, en dépit des statuts qui, faits surtout
pour des jeunes gens, tiennent avec beaucoup de raison
à ce que les visites individuelles soient l'exception.

C'est alors que le bon Laroudie s'en donna à cœur
joie.

Il remplissait près des pauvres les offices les plus
bas et les plus répugnants ; il leur évitait toute fatigue,
tout dérangement.

Il visitait, dans la rue du Collège, au n° 9, une pauvre
veuve âgée ; lorsqu'il avait à lui remettre un bon de
fagots, il allait lui-même chercher les fagots et les lui
montait dans sa mansarde.

Il visitait aussi, dans la rue de l'Arbre-Peint, deux
autres familles qui, seules, savent ce qu'il fit pour elles.

Un soir, à la Conférence, le président parlant des
difficultés de la situation et de la peine que l'on avait
à trouver un peu d'argent pour secourir les malheureux,
établissait un parallèle entre ces membres souffrants
de JÉSUS-CHRIST et les gens du monde qui ne se pri-
vent de rien, pas même de fantaisies coûteuses.

Et passant à un autre ordre d'idées, aux écoles
chrétiennes, qui demandaient de si lourds sacrifices
pour leur entretien, il émettait l'espoir que chacun
saurait prendre un peu sur son superflu pour aider les
enfants du peuple à connaître Dieu et à recevoir le
bienfait d'une éducation catholique. La séance terminée,
Laroudie s'approcha de lui :

« C'est vrai ce que vous avez dit là ; on a besoin
d'argent, et je prends du tabac ! Tenez, voici ma taba-
tière, à partir de ce soir je ne prise plus, et je donnerai
le prix de mon tabac pour les écoles ! »

Il fit ce qu'il avait promis ; à dater de ce moment, il
versa à la caisse des écoles libres les deux sous par jour

qu'il employait précédemment à satisfaire un besoin déjà fort ancien.

Il était profondément attaché à la société de Saint-Vincent de Paul ; il prenait part aux réunions hebdomadaires avec une extrême régularité ; non content d'assister à celles de la conférence établie sur la paroisse à laquelle il appartenait, parfois, quand il en avait la possibilité, ou qu'il le jugeait utile, il venait aux séances des autres conférences de la ville.

C'est que cette société répondait à ses vues, à ses désirs les plus chers, en visitant les pauvres dans leurs misérables demeures, en s'intéressant à leur sort malheureux et en apportant un soulagement inappréciable, non seulement à leur dénûment matériel, mais aussi et surtout, à leurs souffrances morales, trop souvent si vives et si profondes.

Comme il avait le sentiment réel de son action bienfaisante en nos tristes jours où la grossièreté des mœurs, la dépravation, la démoralisation font tant de ravages, de si nombreuses victimes !

Avec quelle énergie et au prix de quels sacrifices il réagissait, selon la mesure de son ascendant et de son influence, contre ce mal populaire dont la cause était, à ses yeux clairvoyants, dans l'impiété qu'un aveuglement, tenant de l'insanité, cherche à propager, à généraliser !

Laroudie s'efforçait de faire comprendre aux pauvres que l'impiété aggrave la souffrance, la rend affreuse, intolérable par la séparation qu'elle crée entre le ciel et la terre, entre Dieu et sa créature.

Il savait se faire écouter.

M. Baudon, président général, dont le nom était mêlé à toutes les œuvres de charité, vint un jour à Limoges ; c'était en décembre 1880.

Les membres de toutes les Conférences de la ville

s'empressèrent de se grouper autour de lui, heureux de pouvoir écouter le grand chrétien qui leur était déjà très connu par ses actes et ses écrits.

M. Baudon leur adressa des paroles empreintes de cet esprit de piété, de charité, de sagesse dont il était doué à un si haut degré ; chacun était heureux de l'entendre, de recueillir ses renseignements, les leçons de sa longue expérience.

Laroudie, enhardi par la manifestation de sentiments qu'il éprouvait dans son propre cœur et cédant à leur impulsion irrésistible, parla aussi devant le président général. Au milieu de cette nombreuse assemblée, il exprima ses idées, ses vues, ses désirs.

On l'écouta avec une grande attention. Le connaissant, on craignait certains écarts de langage, quelques incorrections — il était moins familiarisé avec la grammaire et le monde qu'avec la charité. — Il fut très correct et très intéressant ; chacun se félicitait de son intervention, considérée, au premier abord, comme un peu intempestive et même téméraire.

Laroudie, en effet, avait une grande âme, un cœur d'or, une connaissance admirable des choses du ciel ; mais sa parole était rude, il ignorait les figures de rhétorique et disait crûment, sans détours ni périphrases, ce qu'il pensait, et cela à tout le monde.

Plusieurs de ceux qui étaient à la tête des œuvres auxquelles il participait ont pu en faire l'expérience, essuyer ses réprimandes, qui eussent été quelquefois dures pour l'amour-propre, si l'humilité n'était accourue aussitôt pour en atténuer les aspérités.

Il était assurément loin de supposer qu'il fit la moindre peine ; cette pensée seule l'eût rendu malheureux ; mais, dans son zèle, s'il trouvait à redire, à reprendre, à redresser, à stimuler, il n'hésitait pas, ne voyant que le bien à faire.

Aussi, non seulement on ne lui en voulait pas, mais on prenait ses observations en bonne part.

Qui n'eût senti son infériorité devant un tel chrétien ?

Parmi les bonnes œuvres qu'on mène de front avec les visites de pauvres, dans les Conférences de Saint-Vincent de Paul, il y a celle des catéchismes qui est fort importante.

Laroudie s'y adonnait tout entier.

Le soir, dès que son travail était fini, il allait manger rapidement sa soupe et partait pour faire le catéchisme à des enfants pauvres dans les quartiers les plus éloignés de Limoges.

Il ne rentrait tous les soirs qu'à onze heures ou minuit, faisant cette tournée vraiment apostolique par tous les temps.

Une nuit, il souffrit, on peut le dire, persécution pour la justice ; c'était en 1864 ou 1865.

Il revenait du fond du faubourg du Pont-Neuf et avait catéchisé bon nombre de petits pauvres, lorsqu'en passant sur le pont, il se trouva en face de deux ouvriers qui se battaient, et dont, du reste, il avait entendu les cris depuis un moment.

« Eh bien! eh bien ! » dit-il en s'approchant, « qu'est-ce que c'est que cela ? Est-ce qu'on se bat entre camarades ? » Et le voilà qui les sépare ; mais les deux compères se mettent à l'injurier et des agents, qui avaient été attirés par le bruit, accourent et les arrêtent tous les trois !!

Laroudie veut protester, on l'emmène en dépit de ses explications.

Au commissariat de police du Pont-Neuf, le commissaire ne l'écoute pas plus que ne l'avaient fait les agents, et comme, alors, le poste de la Permanence n'existait pas et qu'on enfermait les gens arrêtés à la maison de justice, c'est là que notre pauvre Jean-Baptiste fut conduit et passa la nuit !

On conçoit quelle nuit !

Plus tard, il racontait que, voyant qu'on ne voulait pas le croire, il avait d'abord été tenté de jeter le commissaire par la fenêtre de son bureau, puis qu'il s'était ravisé, pensant que cette aventure lui procurerait l'occasion d'offrir à Dieu son impatience et son indignation.

Le lendemain matin, M. Hervy, un saint confrère de Laroudie aux Conférences, qui avait l'habitude d'aller tous les jours visiter les prisonniers, le trouva à la maison d'arrêt.

« Comment, Laroudie, c'est vous qui êtes ici ?

— Hélas, oui ! »

Il raconta son histoire ; M. Hervy lui fit apporter à déjeuner, envoya une couverture et commença d'immédiates démarches pour le faire remettre en liberté.

Ce fut l'affaire de quelques heures ; on se confondit en excuses, l'agent et le commissaire furent mis à pied, et Laroudie continua de plus belle ses longues et nocturnes courses.

Le dimanche, après vêpres, il quittait Limoges et allait faire le catéchisme aux environs soit à Aixe, soit à Couzeix, c'est-à-dire à douze ou quinze kilomètres. Naturellement il allait et revenait à pied.

Lorsque c'était vers Couzeix qu'il se dirigeait, il partait souvent avant midi, n'emportant que du pain.

Arrivé sur les bords de l'Aurance, un petit ruisseau situé à moitié chemin, il s'asseyait, mangeait son pain sec, buvait de l'eau claire et se remettait en route.

Le soir, au retour, il recommençait son très frugal repas et rentrait à Limoges fatigué mais ravi.

Le peuple est souvent ingrat, surtout lorsqu'il est irréligieux.

On savait quel était le dévouement de Laroudie, et cependant il n'était pas à l'abri des moqueries de certaines gens.

Il allait travailler à Soudanas, de l'autre côté de la Vienne, et passait depuis quelques jours par une route sur le bord de laquelle des ouvriers en assez grand nombre étaient occupés à des travaux de construction.

Lorsqu'on l'apercevait, les cris les plus discordants éclataient ; les couac ! couac ! dominaient surtout.

D'abord, il ne s'en était pas préoccupé et avait continué sa route sans rien dire, mais comme la scène se répétait toutes les fois qu'il paraissait, il résolut d'y mettre fin.

Le lendemain, au lieu donc de poursuivre son chemin comme d'habitude, il s'arrêta et, s'adressant au chef de chantier :

« Ah ça, dites donc, qu'est-ce qu'ils ont à crier comme cela ? C'est une ménagerie que vous avez là !

— Comment ?

— Vous n'entendez donc pas ces cris, ces aboiements, ces grognements, on dirait certains animaux ! »

L'autre était assez embarrassé et riait jaune.

« Voulez-vous me permettre de leur dire deux mots ? » poursuivit Laroudie.

« Comme vous voudrez.

— Mes amis, qu'est-ce que c'est ? à qui en voulez-vous ? »

Pas de réponse.

« Le chemin est-il libre ? on n'a peut-être pas le droit d'y venir ?

— Si, si, si !

— Alors je peux y passer ?

— Oui, certainement !

— Eh bien, alors, je continuerai ; mais, à vous entendre, je me figurais qu'il était interdit. »

On se remit au travail, et à partir de ce jour-là, son arrivée ne fut plus saluée par aucune manifestation.

Si, lorsqu'il ne s'agissait que de lui, il était, on le voit, très doux, il devenait terrible lorsqu'au contraire c'était à Dieu ou à l'Église qu'on s'en prenait.

A une certaine époque on fit du bruit dans l'église Saint-Pierre, à une messe de minuit ; Laroudie y était, il quitta sa place, alla droit aux tapageurs et les mit à la porte, non sans avoir fait sentir aux récalcitrants la fermeté de son poing.

Tous les ans, les Conférences de Saint-Vincent de Paul de Limoges vont faire un pèlerinage à Notre-Dame-d'Arliquet. On prend le premier train pour y avoir la messe.

Laroudie, lui, partait à pied à trois heures du matin, et revenait de même le soir, en dépit des supplications de ses confrères, qui ne purent jamais le faire changer de résolution.

C'était encore un sacrifice qu'il s'imposait.

Aux réunions, il avait toujours quelque chose d'intéressant à dire, soit à propos des visites qu'il faisait, soit à propos des lettres venant de Jérusalem ou d'ailleurs, dont il donnait lecture.

Aux assemblées générales, aux congrès catholiques, lorsqu'il croyait devoir formuler des observations, il le faisait modestement, simplement, mais avec une franchise et une énergie qu'on a quelquefois blâmées.

On a dit dans son entourage :

« Laroudie fera du purgatoire parce qu'il a la langue trop longue et la dent trop dure. »

C'était peut-être un jugement téméraire.

Il y a si peu d'hommes qui sachent dire toute la vérité, qu'on devrait se réjouir que Laroudie ait été un de ceux-là.

Il est certain qu'il manquait de l'éducation telle

qu'on l'entend dans le monde, il est non moins certain qu'il n'avait pas l'élocution facile, il est encore plus certain que la vue du mal, ou même de l'indifférence, l'indignait ; aussi ne faut-il pas être surpris que dans ses élans il ait quelquefois dit la vérité toute crue et employé les premières expressions qui lui venaient à la bouche, et qui, chacun le sait à Limoges, ne sortaient pas facilement lorsqu'il était sous le coup d'une légitime indignation.

Ainsi, un jour, un vénérable prêtre âgé, mêlé à l'administration diocésaine, avait eu à gronder et peut-être à déplacer un jeune ecclésiastique auquel trop d'ardeur avait fait commettre une maladresse.

Laroudie prit sa défense et alla plaider sa cause.

Il ne le fit pas éloquemment, mais il y apporta une telle conviction, que, mettant la main sur l'épaule de celui qui l'écoutait, il lui dit :

« Comment ! vous aussi, monsieur, vous le blâmez ! Oh !... mais si le sel perd sa saveur, qu'est-ce qui nous restera alors !! »

Nous ne savons s'il obtint gain de cause, mais il est indubitable que la supériorité de sa vertu l'avait rendu l'égal des gens haut placés et des gens riches, et que, de même que les premiers l'écoutaient sans protester, les seconds le recevaient volontiers chez eux et le traitaient en ami.

Tant est grand l'ascendant d'une irréprochable vie, d'une héroïque vertu !

Saint Jean-Baptiste, dont il portait le nom, avait été, lui aussi, un prêcheur indomptable.

Les précautions oratoires, il ne les connaissait pas ; il appelait tout le monde à la pénitence, les grands et les petits, les superbes et les humbles, et paya de sa tête la sainte audace qu'il eut de reprocher à Hérode son inceste et son adultère.

Laroudie pouvait-il avoir un meilleur modèle ?

Dur à lui-même comme son saint patron, il était dur aussi pour les méchants et les indolents, ne réservant qu'aux bons sa douceur, aux pauvres sa charité, aux malheureux ses tendresses, à l'Église son dévouement, aux prêtres son respect, à Dieu les élans de son cœur et ses adorations.

Il ne brisait cependant pas toutes les vitres bonnes à casser avec la même violence ; tantôt ses anathèmes avaient des éclats de foudre, tantôt ils prenaient les allures d'une mordante répartie.

Un jour il rencontre un enterrement.

A Limoges, le cimetière étant fort éloigné, le clergé n'y accompagne pas les convois, il n'y suffirait pas. Après une dernière absoute à l'église, ils vont seuls à Louyat,où ils sont reçus par de vieux prêtres,domiciliés dans l'ancien couvent des Franciscains, dont le service consiste à dire les dernières prières sur la tombe, depuis que les fils de Saint-François qui accomplissaient jadis ce saint ministère, ont été chassés de chez eux par d'odieux décrets.

En arrivant à côté du corbillard, Laroudie s'arrête, ôte sa casquette et fait le signe de la croix.

Un des hommes qui suivait le mort le voit, se met à rire et dit tout haut :

« Est-il bête avec son signe de croix celui-là !... Tu ne vois donc pas que c'est un enterrement civil ? »

Laroudie s'approche de lui.

« Vous dites ?

— Un enterrement civil !

— Ah ! et vous l'accompagnez à Louyat comme ça?

— Oui.

— Moi, à votre place, je ne me donnerais pas tant de peine. Puisque vous le traitez comme on traite un chien, je l'aurais pris par la patte et j'aurais été le jeter à la rivière ! »

On voit d'ici l'ahurissement de son interlocuteur.

Cet homme si farouche, si terrible aux impies, avait

des délicatesses féminines pour ceux qu'il voulait ramener à Dieu.

On lui avait parlé d'une famille dans laquelle un vieillard n'avait pas fait sa première communion.

« J'irai, » répondit-il simplement.

Il y alla, en effet, mais la visite n'avait rien d'agréable.

Les gens chez lesquels il devait se présenter n'avaient aucune espèce de religion et l'entrée en matière n'était pas facile.

Lorsqu'il arriva, on le regarda d'un air peu engageant, en se demandant ce qu'il venait faire.

« Comment allez-vous, » dit-il ?

Et comme on ne répondait pas, il prit une chaise, s'assit et, avisant un affreux marmot couvert de crasse, le nez morveux, qui pleurait dans un coin, il le prit, l'enleva dans ses bras, le mit sur ses genoux en s'écriant :

« Ah ! le joli petit ! est-il mignon ! »

Puis il se mit à le moucher, à l'embrasser, le caresser et le faire rire.

La glace était rompue.

Tel était le grand chrétien que la population de Limoges a qualifié de saint. En lisant les chapitres suivants, on verra que nous nous sommes borné à signaler ici les vertus qui peuvent être imitées par le plus grand nombre, réservant pour les parties de ce livre où Laroudie se révélera fidèle imitateur du pèlerin saint Benoît Labre, fils fervent de notre séraphique Père saint François d'Assise, infatigable adorateur nocturne du Saint-Sacrement, les actes héroïques qui lui ont valu tant de respect de son vivant et probablement tant de gloire au sein de Dieu après sa mort.

N.-D. de la Garde à Marseille.

CHAPITRE SIXIÈME.

Le ·Pèlerin.

'EST un sentiment naturel à toute âme pieuse et vraiment chrétienne que d'aspirer à voir les lieux où vécut, naquit et mourut le Sauveur JÉSUS ; que de désirer parcourir les routes sur lesquelles il passa si souvent ; que d'envier le sort de ceux qui ont pu aller pleurer au Golgotha, chanter à Bethléem et prier sur le mont de l'Ascension en songeant au ciel.

Ce sentiment, il était tout entier dans le cœur de Laroudie, mais à côté se dressait le formidable point d'interrogation qui voulait dire : quand ? comment ?

Si Laroudie eût été seul, il n'eût pas hésité à prendre le bâton du pèlerin et à s'en aller, comme autrefois Benoît Labre, à pied, vivant d'aumônes, vers les sanctuaires dont la sainteté l'attire ; mais il avait charge d'âmes, il ne pouvait pas quitter sa sœur pour de longs mois, et son pèlerinage, s'il le devait faire, ne pouvait être entrepris qu'avec les moyens ordinaires.

Or, pour partir comme tout le monde, il fallait de l'argent, et il n'en avait pas.

Dieu, cependant, qui voulait sans doute récompenser ses·vertus, lui ménageait la joie la plus pure — après celle que procure la sainte communion — que puisse éprouver un chrétien : la joie de baiser et de fouler la terre illustrée jadis par le peuple de Dieu, sanctifiée plus tard par la mort du Juste.

En 1882, les pèlerinages de Terre Sainte étaient au début de leur organisation.

Elle était alors fort défectueuse, ne ressemblant en rien à celle qui existe aujourd'hui, grâce à l'expérience des Pères Augustins de l'Assomption.

On tâtonnait.

Cependant, en dépit des fatigues promises, des difficultés prévues, les partants devaient être nombreux.

Dans presque tous les diocèses, il y avait des fidèles, des prêtres, des dames même qui se croisaient et prenaient leurs dispositions pour faire partie du pèlerinage de la Pénitence.

A Limoges, M. le chanoine Ardant, secrétaire général de l'Évêché, était chargé par les Pères de l'Assomption de s'occuper des pèlerins limousins.

Laroudie, qui le savait, alla le trouver et lui demanda bien simplement s'il ne connaîtrait pas un moyen de l'envoyer à Jérusalem.

« Eh ! mon Dieu, » répondit M. Ardant, « il n'y en a qu'un : c'est qu'on vous paie votre voyage.

— Combien cela coûterait-il ?

— Environ 500 francs. »

Le bon Laroudie, effrayé, ne répondit pas et rentra chez lui tout pensif.

Il ne se découragea cependant pas, continua de demander à Dieu de lui faire la grâce d'être du pèlerinage et attendit.

Il avait une foi vive, elle ne fut pas trompée.

Quelques jours avant la clôture des listes une personne pieuse, M. de L.., ne pouvant aller elle-même à Jérusalem, vint apporter à M. le secrétaire général de l'Évêché l'argent nécessaire pour y envoyer quelqu'un.

« Voulez-vous que ce soit Laroudie ? » demanda M. Ardant, « vous allez faire son bonheur.

— Mais certainement ! »

Le brave garçon fut aussitôt prévenu et fit ses préparatifs de départ.

Un excellent et pieux ecclésiastique de Limoges, M.

l'abbé Bouillaud, dont nous avons eu déjà l'occasion de parler, devait être du voyage.

Laroudie se promettait de faire route avec lui, malheureusement la compagnie anglaise Coock les sépara. Tandis que M. le vicaire de Saint-Pierre était classé dans un groupe destiné à *La Picardie*, Laroudie était mis dans un autre groupe désigné pour *La Guadeloupe*.

Partir pour Jérusalem n'est une petite affaire pour personne ; pour Jean-Baptiste c'était un événement.

Il disait très nettement qu'il ne savait pas s'il en reviendrait, que, du reste, il serait heureux de mourir en Terre Sainte.

Sa sœur ne le voyait pas s'éloigner sans terreur. Elle aussi craignait qu'il ne revînt pas.

Très sérieusement il se préparait à la mort, considérant son voyage comme une dure pénitence, une expiation suprême.

Cependant, chez lui, la gaîté ne perdant jamais ses droits, il disait à l'abbé Bouillaud :

« Si je meurs en mer, les poissons feront un triste repas, et ils seront joliment attrapés quand ils s'attaqueront à mes pauvres membres ; ce sera un maigre morceau. »

Les pèlerins partirent de Limoges au nombre de trois : M. l'abbé Bouillaud, vicaire de Saint-Pierre ; M. l'abbé Courteix, curé d'Isle, et Laroudie.

Ils se rendirent dans la soirée chez les sœurs de l'Espérance ; après minuit les deux prêtres y dirent leur messe, puis, tous trois prirent un léger repas, et à deux heures du matin ils montaient dans le train de Lyon.

Notre-Dame de Fourvière les retint vingt-quatre heures ; de Lyon ils se mirent en route pour Marseille, où ils retrouvèrent les pèlerins venus de tous les coins de la France.

Après une visite à Notre-Dame de La Garde, à laquelle Laroudie eut soin de ne pas manquer, on s'embarqua.

Hélas ! c'était le début des souffrances que devait endurer le pauvre voyageur.

Pour n'être pas volontaires, ses douleurs n'en furent pas moins grandes, mais il les supporta avec un héroïque courage.

Saisi par le mal de mer dès qu'il eut mis le pied sur le pont du navire, Laroudie ne retrouva réellement son aplomb qu'en débarquant à Caïffa.

Couché à fond de cale, il souffrait sans se plaindre. Dès que l'horrible malaise lui laissait un instant de répit, il en profitait pour tâcher de soulager les autres malades, courant d'une couchette à une autre, portant de la tisane, faisant les lits, vidant charitablement les cuvettes.

Aussitôt qu'il eut touché le sol, il redevint lui-même.

Après avoir baisé la terre, sanctifiée par les pas de l'Homme-Dieu, avoir chanté avec ses compagnons de route le *Te Deum* et le *Magnificat* de l'arrivée, il ne put s'empêcher de regarder avec ébahissement le spectacle qui s'offrait à lui.

Une foule l'hommes, d'enfants à moitié nus, grouillant dans la poussière, de femmes voilées, encombrait le port et les rues : c'était un mouvement, un va-et-vient, une cohue indescriptibles.

Laroudie observait, tout surpris, défendant son léger bagage contre les indigènes trop ardents à l'en débarrasser, cherchant à se faufiler au milieu de la foule pour rejoindre les premiers pèlerins déjà groupés dans l'église catholique de la ville.

De Caïffa on monta au Carmel.

La sainte montagne, toute embaumée, toute couverte de la flore la plus luxuriante, n'est pas facile à escalader et, à la descente, présente de réelles difficultés.

C'est là que Làroudie commença à faire parler sérieusement de lui

Il y avait des dames parmi les pèlerins, et il paraît que pour les pauvres femmes cette première étape était très pénible.

Le brave ouvrier de Limoges se multiplia.

Comme un chien fidèle, on le vit faire vingt fois le voyage du haut en bas de la montagne, portant les paquets de tout le monde, offrant son bras à celles que les aspérités du chemin menaçaient de faire tomber ; quittant une voyageuse dès qu'il l'avait conduite en bas, et remontant vite en chercher une autre ; tout cela sous un soleil brûlant.

A la fin, exténué, Laroudie eut une idée bizarre.

« Si, au lieu de faire tous ces détours, se dit-il, je prenais par la ligne droite, il est évident que je ferais beaucoup plus de besogne en moins de temps ! »

Aussitôt dit, aussitôt fait, et le voilà qui abandonne la route tracée pour se jeter dans les lauriers roses, les géraniums immenses, les lis magnifiques et les rochers branlants.

Périlleuse entreprise s'il en fut.

Tout d'abord cela marcha bien, mais, au bout d'un moment, le bon Laroudie, empêtré dans la haute végétation de la montagne, s'égara complètement et finit par venir se heurter contre une roche élevée qui lui barrait la route.

Avec l'énergie dont il était doué, il n'hésita pas et, s'aidant des pieds et des mains, il grimpa sur l'obstacle, espérant facilement le franchir.

Il s'était trompé. Arrivé au sommet, il y dut passer de longs moments, se cramponnant au roc pour ne pas tomber et resta là jusqu'à ce que, s'apercevant de son absence, on le chercha et on vint le délivrer.

Sa sœur et lui ont toujours pensé que le Bon Dieu l'avait visiblement protégé en le tirant de ce mauvais pas.

Du Carmel, les pèlerins devaient se rendre à Nazareth.

L'étape est longue, elle a environ 35 kilomètres ; on part à quatre heures du matin, on s'arrête vers midi ou une heure à Simonieh où l'on dîne, et l'on n'arrive que vers quatre ou cinq heures au terme du voyage.

Pour aller en Galilée, les organisateurs du pèlerinage mettent aujourd'hui des chevaux et des ânes à la disposition des voyageurs qui n'ont à donner qu'un bagchiche — le pourboire obligatoire à chaque pas en Orient — aux mouckres chargés de les conduire.

En 1882, les choses ne se faisaient pas aussi régulièrement. Le transport du Carmel à Nazareth était si mal agencé, que plusieurs pèlerins durent faire la route à pied, ou se payer de leur poche d'autres montures que celles que la Compagnie anglaise leur avait offertes.

Lorsque les mouckres abordent les voyageurs et leur présentent leurs ânes ou leurs chevaux, leur premier soin est de réclamer le bagchiche ; c'est une précaution à laquelle un bon musulman ne manque jamais.

Laroudie, en entendant résonner ce mot barbare à ses oreilles, comprit qu'on lui offrait un âne contre versement d'une somme quelconqne.

« Bachiche ! bachiche! Qu'est-ce qu'il veut avec son bachiche, celui-là ? Je vais à pied, je ne suis pas venu ici pour faire de l'équitation. »

Et d'un geste très expressif levant ses longs bras et ouvrant ses grands doigts, il fit comprendre au mouckre d'avoir à le laisser en paix.

Au fond de son cœur, il se faisait le raisonnement suivant :

Un cheval ou un âne pour aller à Nazareth, cela me coûterait bien dix ou quinze francs, je préfère aller à pied et je donnerai cet argent aux Pères Franciscains pour leurs œuvres !

Le généreux garçon se mit en route, suivant le groupe des cavaliers.

Où déjeuna-t-il ? où dîna-t-il ? on l'ignore ; sans doute il se contenta du pain et de la gourde qu'il avait dans sa besace ; ce qui est certain, c'est qu'après avoir marché toute la journée sous un ciel de feu, dans une poussière pénétrante, inondé de sueur, rompu, à bout, il se laissa distancer par le groupe qu'il avait suivi et s'affaissa sur le bord du chemin presque sans connaissance.

A ce moment, M. l'abbé Bouillaud, qui était arrivé à Nazareth la nuit précédente, ayant pris les devants en partant du Carmel, la veille, à cheval, dès quatre heures du soir, parut sur la route venant au devant des voyageurs.

Il aperçoit Laroudie et se précipite pour le relever.

« Vous me sauvez la vie, » lui dit le pauvre pèlerin, « sans vous je restais là ! je n'en puis plus !

— Mais, malheureux ! on ne fait pas une pareille étape à pied, pourquoi n'avez-vous pas pris un cheval ou un âne ?

— Et mes aumônes aux Pères ?

— Allons, voilà Nazareth, vous êtes presque arrivé, venez avec moi. »

Laroudie se remit sur pied, refusa toute monture et, clopin-clopant, arriva dans la petite ville.

L'abbé Bouillaud ne pouvait l'abandonner dans le triste état où il se trouvait.

Au lieu de le laisser aller coucher sur les paillasses qui garnissaient les dalles du cloître du couvent où il devait loger, il le conduisit dans la chambre qui lui avait été donnée et le fit mettre au lit.

Il n'avait plus la force de refuser, il se laissa faire.

Lorsqu'il fut couché, son bon samaritain courut aux cuisines et lui en rapporta un bouillon bien chaud.

Nazareth.

Il le prit sans rien dire et tomba dans un sommeil de plomb.

Le lendemain matin, à cinq heures, Laroudie était sur pied, frais et dispos, gai, heureux, et donnait aux Pères l'argent qu'il avait économisé la veille.

Les détails nous manquent sur son arrivée à Jérusalem : la seule chose que nous sachions, c'est qu'il fut logé chez les Frères des Écoles chrétiennes dont la maison est située à gauche de la porte de Jaffa, en remontant dans le quartier des Latins, après avoir passé le couvent des Franciscains. Là, tout près du Saint-Sépulcre vers lequel son esprit se reportait sans cesse, il se fit le serviteur de tous, donna sa couchette à un prêtre, et pendant son séjour s'installa dans les premiers coins venus, ou passa les nuits soit à la chapelle du couvent, soit au Calvaire.

Nous savons aussi que dans l'excursion à St-Jean-du-Désert, il prit une pauvre dame fatiguée sous sa protection et ne la quitta que de retour à Jéursalem.

Lorsqu'elle ne pouvait plus marcher, il s'arrêtait avec elle et lui disait :

« Asseyons-nous là, ma bonne dame, voilà un quart dans lequel je vais vous donner à boire, nous mangerons un peu sur ce coin de rocher et nous nous remettrons en route ensuite. »

Bien que son insatiable désir de rendre service le rendît quelquefois un peu ennuyeux pour ceux qui pouvaient se tirer d'affaire tout seuls, il n'en est pas moins vrai qu'il rendait de réels services aux faibles, aux souffreteux, à tous ceux auxquels une aide était nécessaire.

Nous avons eu des détails précis sur sa visite à Bethléem ; ils nous ont été fournis par M. Barral de Baret, président du conseil central des Conférences de St-Vincent de Paul de Montpellier, qui était du pèlerinage de 1882. Il y représentait, en sa qualité de président d'un cercle catholique d'ouvriers, les membres de l'œuvre de sa région, avec mission de porter sa bannière dans les divers sanctuaires de Palestine, et de la déposer au St-Sépulcre pendant son séjour à Jérusalem.

M. Barral de Baret se fit un devoir en Terre Sainte d'organiser le groupe des membres de l'œuvre des cercles ; il prit les noms de tous ses confrères, et parmi

eux figurait celui de Laroudie, en face de la mention :
Cercles de Limoges.

C'est de lui que nous tenons les détails suivants :

« On entra processionnellement à Bethléem, la ban-
« nière des cercles déployée. »

« Elle fut portée par MM. Fabre, du cercle de Cette,
« Thiébaut, du cercle de Châlons, et Laroudie. »

« Je me souviens, » nous a écrit M. Barral de Baret,
« que j'eus assez de peine à obtenir de ce dernier qu'il

Bethléem.

« ne la gardât pas tout le temps ; il ne sentait pas la
« fatigue, bien que la bannière fût excessivement
« lourde et qu'il fit une chaleur de quarante degrés. »

Lorsque Laroudie revint à Limoges, ce fut une
grande joie pour sa sœur qui croyait ne plus le revoir, un
grand bonheur pour tous ses amis auxquels il rapporta
de précieux et nombreux souvenirs.

Comme partout où il passait, Laroudie s'était fait
des amis en Terre Sainte.

Nous en avons trouvé la preuve dans une foule de lettres oubliées chez lui au fond d'un tiroir.

En voici une dans laquelle le frère Évagre, l'intelligent et dévoué directeur de l'École de Jérusalem, lui dit qu'il ne l'a pas oublié et le remercie des dons qu'il a faits à sa maison.

Cette lettre arrivait à Laroudie un an après son premier pèlerinage.

LES FRÈRES
DES
ÉCOLES CHRÉTIENNES
A
JÉRUSALEM

Cher Monsieur,

Votre souvenir est trop cher à mon pauvre cœur, et ma reconnaissance toujours si douce, que je vous dois à l'approche des fêtes de Noël à la fin de cette année, mes tout particuliers souhaits de bonne fête et de bonne année.

En cette sainte ville, il semble que le Bon Dieu soit plus près de nous et qu'il exauce plus tôt les prières de ses créatures ; aussi, je vous offre les miennes pour vous, Monsieur, et à vos intentions.

Nos chers et nombreux élèves et leur maîtres, mes pieux confrères, se joignent à moi en leurs prières ; ils vous savent un ami, un bienfaiteur, et ils vous remercient avec moi.

Veuillez, très digne Monsieur, agréer nos petites étrennes, ne pas nous oublier près de vos amis : plus notre patrie souffre, plus aussi nous souffrons de toutes manières.

Permettez-moi, cher Monsieur, de ne pas vous en écrire plus long cette fois : une santé faible, un travail incessant, m'obligent à regret à ne vous donner aucun détail sur Jérusalem.

Je suis heureux d'être, cher Monsieur,

Votre tout reconnaissant serviteur,

Frère ÉVAGRE

Jérusalem, 8 décembre 1883.

On voit dans quels termes le cher Frère directeur de Jérusalem, écrivait à Laroudie.

Il lui donnait le nom de bienfaiteur avec quelque raison : ce ne sont plus en effet des talons de mandats qui nous ont révélé sa générosité à l'égard des Frères, mais des bulletins de lettres chargées sur lesquels nous avons lu en toutes lettres les mentions suivantes :

N° 498

Expéditeur : Laroudie, 15, rue du Collège.
Destinataire : Cher Frère Évrage, Jérusalem.
Affranchissement 0,25.
Droit de chargement 0,25.

Le saint ouvrier qui avait eu, comme nous l'avons dit plus haut, la joie ineffable de suivre les traces du Sauveur sur le sol de la Judée, avait eu aussi l'indicible tristesse de constater l'état pitoyable dans lequel sont les lieux saints, envahis par les schismatiques et les hérétiques, gardés par des musulmans qui perçoivent à leur porte des droits d'entrée ! !

Il avait compris que pour lutter contre l'islamisme, qui a tout dégradé dans cet Orient, jadis si beau ; que pour faire prévaloir à Jérusalem l'influence de la France, il fallait aider ses plus dévoués représentants, les Frères des Écoles chrétiennes, les Pères Franciscains, et leur envoyait le produit de ses économies, heureux de participer modestement à leur grande œuvre si catholique et si française.

Laroudie était d'autant plus pénétré de cette pensée qu'il avait éprouvé en Terre Sainte la plus cruelle des désillusions.

Cette impression est celle de tous les pèlerins qui en reviennent.

Après avoir vu, ils comprennent pourquoi JÉSUS versa des larmes en pensant à l'avenir réservé à Jérusalem et à la partie du pays où devait être commis le déicide.

C'est réellement une terre désolée, on y reconnaît les traces de la malédiction divine, et dans cette campagne nue, déserte, sauvage, sans végétation, on sent qu'un grand crime a été commis.

Les lieux saints eux-mêmes, sauf à Bethléem et à Nazareth, sont une cause de douloureuse surprise.

On n'a rien respecté ; la pioche des démolisseurs, les marbres des restaurateurs ont tout bouleversé, tout modifié.

Jérusalem, de la route de Béthanie.

Le Saint-Sépulcre lui-même est méconnaissable.

C'est *là* que Jésus fut mis au tombeau, mais ce *là* a été tellement nivelé, tellement recouvert de pierres précieuses et de tentures, qu'il ne ressemble en rien à ce que nous lisons dans l'Évangile de la grotte funèbre de Joseph d'Arimathie.

Jérusalem est une ville désolée, son site est un paysage ravagé, son peuple n'existe plus, il est disséminé sur toute la terre, et la ville coupable est, comme la race juive, l'éternel témoin de la colère divine.

Le caractère de désolation que nous signalons est d'autant plus frappant, que Bethléem, située à huit kilomètres, et Nazareth, en Galilée, sont de véritables jardins aux senteurs embaumées.

Dieu leur a conservé leur fraîcheur et leur beauté, son Fils n'ayant jamais eu à pleurer sur elles, et cette fraîcheur et cette beauté contrastent éloquemment avec l'aridité de la ville maudite.

La désillusion éprouvée par tous les pèlerins, que Laroudie ressentit comme les autres, ne l'empêcha pas cependant de retourner aux lieux qu'il avait une première fois visités.

Il fit quatre fois le pèlerinage : son second départ eut lieu en 1884, le troisième en 1885 et le quatrième et dernier en 1887.

Chaque fois son voyage fut payé, soit par des personnes charitables, soit par les souscriptions adressées aux Pères de l'Assomption pour les pèlerins pauvres.

Il allait se recommander à M. Ardant lorsqu'un pèlerinage était annoncé, et attendait qu'on lui fît signe.

Dieu permit que quatre fois ses pieux désirs fussent exaucés.

Entretemps, il recevait de Jérusalem des lettres comme celle-ci :

Le 4 janvier 1887.

Bien cher Monsieur,

Merci du bon souvenir que vous gardez des frères de Jérusalem, merci aussi pour la petite somme que vous nous envoyez.

Vous apprendrez avec plaisir que le bon frère Evagre est à Paris ; il est parti de Jérusalem le 22 décembre et s'est embarqué à Alexandrie le 28 pour Marseille. Il sera absent pour au moins deux mois ; je lui ai donné de vos nouvelles, je serais content s'il pouvait faire une apparition chez nos bons frères de Limoges.

Dites au cher frère directeur que je ferai scrupuleusement sa commission à ma première visite au Calvaire, et mes petits novices prieront aussi à la même intention.

Vous devez connaître celui qui vous écrit, c'est celui qui est chargé des petits novices.

Je vous attends à la nouvelle caravane, il y aura toujours un petit coin pour vous chez le bon frère Evagre.

Votre ami,
frère AMELMIEN,
Directeur des petits novices.

Mes vœux et souhaits de bonne année au bon frère Herbertus, directeur, ainsi qu'à tous ses frères.

On remarquera que cette lettre est datée du 4 janvier 1887 ; trois ou quatre mois après, Laroudie entreprenait son dernier voyage de Terre Sainte et, avant d'aller au Saint-Sépulcre, passait par Rome, où il s'agenouillait aux pieds du vicaire de JÉSUS-CHRIST, Sa Sainteté Léon XIII.

Ce voyage de Rome, organisé par les Pères de l'Assomption, fut une grande joie pour le saint ouvrier.

En 1882, après son premier pèlerinage en Palestine, il avait reçu une lettre ainsi conçue :

Paris, le 28 octobre 1882.

Bien cher Pèlerin,

La réponse de notre Très Saint Père le Pape à notre adresse est venue ajouter aux consolations de notre grand pèlerinage. Le Saint Père nous a comblés de ses faveurs. C'est un devoir pour nous d'aller le remercier et de déposer au Vatican les deux grandes croix qui nous ont protégés. C'est le 15 octobre que Sa Sainteté a daigné fixer pour notre audience solennelle. La cherté du voyage nous empêchera d'être tous à cette fête, mais nous serons tous là dans la personne des heureux représentants qui pourront prendre part à ce nouveau pèlerinage. Nous y serons aussi par la prière. Une neuvaine commencera le 7 et finira le 15 octobre, jour de l'audience. Les prières de la neuvaine sont : les litanies de la T. S. Vierge, 3 fois le *Pater*, 3 fois *Oremus pro Pontifice*. Je vous serais reconnaissant de vous unir à cette neuvaine, à moins que vous ne puissiez la faire avec nous à Gênes, Florence, Assise et Rome.

Vous trouverez sous ce pli le programme des pèlerins qui partent de Paris, mais vous pouvez choisir un autre itinéraire. L'important, c'est que nous soyons ensemble à Rome et que nous visitions Assise. Néanmoins je vous serais reconnaissant de nous écrire si vous comptez faire partie du pèlerinage, ou prendre part à l'audience.

Veuillez agréer, bien cher pèlerin, l'expression de mon très respectueux dévouement en N. S.

F. PICARD.

Hélas ! comme l'avait prévu le Père Picard, la cherté du voyage devait faire de nombreux absents : Laroudie avait été de ceux-là !

Mais l'occasion, pour être différée, n'était pas perdue.

En 1887, les pèlerins de Jérusalem passèrent par la Ville Éternelle.

A ce dernier voyage de Laroudie se rattachent deux faits édifiants.

Le premier n'a rien de très extraordinaire, étant donné le caractère de celui qui en fut le héros ; le second est plus original et achèvera de peindre le digne ouvrier dont nous avons entrepris de faire entrevoir le dévouement aux œuvres catholiques.

On était donc en route pour Rome, ou plutôt pour Marseille, où il fallait aller s'embarquer. Laroudie, avec quelques compagnons de voyage, occupait une voiture de troisième classe dans laquelle, à une certaine station, monta un commis-voyageur. A un des arrêts suivants, un ecclésiastique se présente à la portière, et, trouvant le compartiment presque au complet, s'éloigne. Le commis-voyageur était assis en face de Laroudie ; à la vue du prêtre son visage s'était obscurci, puis il avait murmuré assez haut pour être entendu :

« Eh ! va donc ailleurs ! Tous ces curés, quand je les rencontre, je voudrais leur mettre les tripes au vent ! »

Laroudie avait dressé l'oreille.

« Quel métier faites-vous, monsieur, si ce n'est pas indiscret ? » lui demanda-t-il.

— Je suis représentant de la maison X...

— Eh bien, permettez ; si, lorsque vous êtes venu vous asseoir là, j'avais dit :

« Eh! va donc ailleurs ! Tous ces commis-voyageurs, « quand je les rencontre, je voudrais leur mettre les « tripes au vent !

« Vous n'auriez pas été content, eh ! »

Le commis-voyageur était un peu interloqué, mais il ne savait pas à qui il avait affaire.

La glace était rompue. Laroudie ne le lâcha pas. Il se mit à lui faire la morale, à lui parler de sa mère, de sa première communion, du jour où il aurait à paraître devant Dieu, tant et si bien que l'autre, ahuri, bouleversé, prit sa couverture, ses paquets, descendit et alla s'installer dans une autre voiture.

Le voyage se termina ; Laroudie ne pensait plus à son homme, quand, dans la gare de Marseille, il sentit qu'on le tirait par la manche.

C'était son commis-voyageur.

« Je n'ai pas voulu vous laisser partir sans vous dire au revoir.

Civita Vecchia.

« Vous m'avez bien *embêté*, mais vous avez peut-être

raison; dans tous les cas, vous êtes un brave homme, donnez-moi une poignée de main.

— Allons, allons! c'est très bien, » répondit Laroudie, « je vais à Rome et à Jérusalem et j'y prierai le Bon Dieu pour vous. Au revoir ! »

Le trait valait, il nous semble, la peine d'être raconté.

Deux jours après, les pèlerins débarquaient à Civita-Vecchia et se préparaient à aller à l'audience que le Saint-Père voulait bien leur accorder.

On conçoit si notre bon Limousin était heureux !

Il avait formé un projet, dont la réalisation était pour son âme naïve la meilleure preuve de dévouement et de piété filiale qu'il pût donner au Souverain Pontife.

On va voir comment il le mit à exécution.

Au jour dit, les pèlerins étaient au Vatican.

Léon XIII les reçut avec la bienveillance qu'il témoigne à tous les enfants de la France.

Après la lecture d'une adresse et la réponse du Saint-Père, chaque pèlerin fut admis à s'approcher du trône, à baiser la mule et l'anneau du pêcheur, et à recevoir la bénédiction du Vicaire de JÉSUS-CHRIST.

Le tour de Laroudie arrive ; le cœur devait bien lui battre ! Il s'agenouille, baise la mule, puis, au moment où Sa Sainteté lui tend son anneau, il prend la main de Léon XIII dans les siennes, la baise à plusieurs reprises, avec une tendresse émouvante, et y glisse quelque chose.

Le pape sourit, ouvre la main pour voir ce qu'il y a mis............ c'est..... une belle pièce de dix francs, le fruit de ses pauvres petites économies, son aumône au Denier de Saint-Pierre !

Quand le Souverain Pontife recevra en hommage l'exemplaire de ce livre que nous voulons lui adresser, nous demanderons au cardinal chargé de le lui présenter de vouloir bien le prier d'en lire ce passage ; Sa Sainteté se souviendra certainement de ce petit incident qui la fit˙rire tout en la touchant profondément.

Elle aura une pensée pour le saint ouvrier auquel

Léon XIII.

Dieu a déjà rendu, sans aucun doute, au centuple, les aumônes si nombreuses qu'il fit pendant sa vie.

Pèlerin de Jérusalem, pèlerin de Rome, Laroudie le

fut aussi de Lourdes et de Paray-le-Monial. Dans ces deux sanctuaires il se fit remarquer, comme partout, par sa piété et sa charité : mais bien que Lourdes, dans sa magnifique situation, parlât davantage à ses yeux, Paray-le-Monial avait le don de le transporter beaucoup plus.

Lorsqu'il parlait de Paray, il ne tarissait pas :

« C'est là, » disait-il, « que le pauvre cœur humain se réchauffe !

« C'est là qu'il faut aller pour apprendre à connaître le cœur de JÉSUS !

« C'est là qu'il appelle les foules, qu'il veut qu'on aille l'adorer ! »

A l'un de ses voyages à Paray se rattache une anecdote bien édifiante.

Le train qui le transportait venait de s'arrêter à la station de Chamblet-Néris, entre Montluçon et Moulins.

Laroudie, pour une raison quelconque, fut obligé de descendre ; or l'arrêt n'étant que d'une minute, le convoi repartit avant qu'il eût pu revenir prendre sa place et le laissa là.

Il y avait autour de la gare des ouvriers en grand nombre qui travaillaient dans un chantier ; nous laissons à penser s'ils se moquaient du pauvre pèlerin !

Les moqueries allèrent très loin, on y mêla quelques impiétés à l'adresse de Paray, et le chef de gare lui-même regardait d'un air narquois le pauvre voyageur tout déconfit, les yeux fixés sur son train filant déjà à toute vapeur vers l'horizon.

Cependant le bon Laroudie eut bien vite fait de prendre son parti du contre-temps qui lui arrivait ; sa figure, un instant contristée, se rasséréna et se tournant vers le chef de gare :

« Quand passe le premier train, monsieur ?

— A dix heures et demie ce soir.

— Il est six heures et quelque chose, j'ai du temps devant moi, et je vais tâcher de ne pas le perdre. »

Et ce disant, il sort de la gare et se trouve en face des ouvriers qui l'accablent de leurs quolibets.

Un autre que lui eût reculé devant cette manifestation hostile, mais il était l'homme des situations difficiles.

Il s'avance vers ses insulteurs qui s'apprêtaient, en continuant leurs plaisanteries de mauvais goût, à quitter leur travail, et leur dit :

« Vous trouvez que c'est drôle d'avoir manqué le train, et ça vous fait rire ?

« C'est le Bon Dieu qui a permis cela pour que je puisse vous apprendre ce que vous ne savez pas.

« Croyez-vous que je sois un rentier qui n'a qu'à faire des voyages ?

« Je suis un ouvrier comme vous, plus pauvre que vous probablement..., regardez mes mains, voyez les traces du travail !

« Eh bien ! lorsque j'ai du souci, du chagrin, lorsque la besogne manque, que le pain est rare à la maison, que le courage est près de s'en aller, au lieu de jurer, de me fâcher, de maudire les patrons, je songe à Paray-le-Monial, et je me dis : « Attends ! dans quelques « semaines tu iras, et là, en y adorant celui qui a tant « aimé les hommes, tu y retrouveras toute ton énergie. »

« Et c'est ce qui arrive : lorsque je reviens de Paray, comme aujourd'hui, je suis heureux, je sais que le Bon Dieu, soutien des pauvres et des ouvriers, ne m'abandonnera pas !

« Vous me direz que je pourrais le prier chez moi aussi bien qu'à Paray ; c'est vrai et ce n'est pas vrai.

« Mon église suffit à la prière de tous les jours, Paray est pour les grandes occasions, quand il faut un bon coup d'épaule.

« Vous vous moquiez de moi, tout à l'heure, parce
que j'en reviens : y êtes-vous seulement allés vous autres ? Savez-vous ce qui s'y passe ?

« Je vais vous le dire. »

Couvent de la Visitation à Paray-le-Monial.

Et voilà Laroudie expliquant les grandes manifestations religieuses dont l'église des Dames de la Visitation
est le théâtre : il parle des grâces obtenues ; il montre
les malades guéris, les incrédules convaincus, les désolés

consolés, et il s'apitoie sur le sort de ces pauvres gens qui rient de tout cela par ignorance, et rentrent tous les soirs chez eux, après une journée de fatigue, n'ayant rien pour les réconforter, seuls en face de la misère, avec des femmes et des enfants sans pain, le vide dans l'âme, le désespoir au cœur.

Les ouvriers écoutaient et ne riaient plus.

Quand Laroudie eut achevé, ils le traitèrent avec respect ; le chef de gare, ému, se mit à sa disposition et Dieu, qui l'avait conduit là pour être l'artisan de sa grâce dans toutes ces âmes de prolétaires, Dieu, qui l'avait inspiré, qui avait parlé par sa bouche, ramena, sans aucun doute au bercail quelques-unes des brebis égarées qui n'attendaient qu'un mot du cœur pour revenir au bon pasteur.

Ce mot du cœur tombé des lèvres de Laroudie fructifia si bien que dans ses voyages suivants à Paray, toutes les fois qu'il passait à la station de Néris, le saint ouvrier descendait pour s'enquérir de ses amis et était toujours traité avec la plus grande considération.

Les lignes suivantes, que nous trouvons dans une lettre adressée à Laroudie par un compagnon de pèlerinage, donnent une idée de l'action du saint ouvrier sur ceux qui l'entouraient :

Votre compagnie durant mon pèlerinage à Paray-le-Monial m'a de beaucoup fait plus de bien que le plus éloquent de tous les sermons. Oui, mon bon monsieur, non seulement votre exemple, mais encore votre conversation m'a prêché pendant le temps très court que j'ai eu le bonheur de passer avec vous. J'ai été faire une retraite à la Trappe de Sept-Fonts. Après y avoir passé huit jours dans la prière et la méditation, je me suis senti épris pour une vie aussi belle et aussi sainte. Arrivé de nouveau chez mes parents, j'ai fait maintes et maintes démarches pour retourner à la Trappe. Enfin, lorsque tout semblait être décidé et marcher au gré de mes vœux, il m'a paru que le Bon Dieu m'appelait à combattre sur un autre champ de bataille.

Quelques semaines plus tard, l'auteur de cette lettre annonçait à Laroudie qu'il entrait au Grand Séminaire à Moulins ; et au mois de juillet suivant, la mère du jeune séminariste écrivait pour annoncer la mort de son fils, victime d'une imprudence commise en prenant un bain dans l'Allier.

La pauvre femme terminait sa lettre par ces mots : « Dieu me l'avait donné, il me l'a repris, que son saint nom soit béni. »

A Lourdes, Laroudie se livrait à l'exercice de la charité avec toute l'ardeur de son âme. Nous pourrions citer de nombreux traits à l'appui de cette affirmation, mais ils furent relatés dans l'article nécrologique que lui consacra, le lendemain de sa mort, la *Semaine religieuse* du diocèse de Limoges, et comme on trouvera plus loin ce document, nous nous abstenons de répéter ici les actes qu'il signale.

Ne nous en rapportant pas exclusivement à notre propre appréciation sur le bon Laroudie que nous aimions, nous avons voulu avoir l'opinion des étrangers qui avaient pu le voir et le juger dans les pèlerinages, et nous leur avons écrit, en les priant de nous dire bien sincèrement quelle impression ils avaient gardée de lui.

Ceux auxquels nous nous sommes adressé, ont été unanimes à le déclarer digne d'admiration et de respect.

Nous n'en donnerons pour preuve, — ne voulant pas surcharger ce volume de documents — que trois lettres qui nous viennent : l'une de Toulouse, de M. l'abbé Groc de Salmiech, qui fit avec le saint ouvrier le pèlerinage de Jérusalem ; l'autre du bon frère Évrage, le directeur des frères de Jérusalem, et la troisième de M. Émile Honnet, directeur du cercle catholique de

Troyes, auquel nous n'avions pas eu l'honneur d'écrire, mais qui, apprenant que nous faisions paraître la vie de Laroudie, nous a adressé de son propre mouvement quelques lignes élogieuses, mais surtout sincères.

Voici la lettre de M. Groc de Salmiech :

Toulouse, 31 décembre 1889.

Monsieur le rédacteur,

Je m'empresse de répondre aux questions contenues dans votre lettre du 28 décembre au sujet du brave Laroudie dont vous m'annoncez la mort bienheureuse.

Je vous félicite tout d'abord en commençant de l'heureuse idée que vous avez d'écrire une vie qui pourra servir de modèle et d'exemple à bon nombre d'ouvriers de tout âge et de toute profession.

Vous comblerez par votre petit volume une lacune assurément bien grande dans la basse classe et dans la question ouvrière. Les vies d'artisans et de saints ouvriers manquent en effet beaucoup aujourd'hui, non par la raison qu'un grand nombre se damnent, mais parce qu'il est peu d'hommes qui aient le courage d'entreprendre une œuvre si utile à la société actuelle et par dessus tout aux hommes courbés péniblement sous le labeur quotidien.

Ce que j'ai à vous dire sur Laroudie ne sera pas bien long, car je l'ai très peu vu et très peu connu. Durant un pèlerinage composé de 3 ou 400 personnes de tout sexe et de tout âge, il est souvent difficile d'avoir des relations suivies, à moins d'être du même pays. J'ai vu cependant votre héros d'assez près pour vous livrer quelques observations qui le concernent et le visent personnellement. La première qualité que j'ai remarquée en lui, c'est une grande charité. Il s'oubliait lui-même pour ne penser qu'à ses voisins, laïques ou prêtres, ou à ceux qu'il voyait dans le besoin.

Au commencement de la traversée, dès les premiers jours, m'ayant vu souffrir légèrement du mal de mer, il s'empressa de me proposer un *généreux* cordial qui me fit le plus grand bien. Cette offre amicale fut faite à bien d'autres pèlerins qui bénirent comme moi la liqueur bienfaisante.

Il se mêlait très facilement aux divers groupes et s'attachait particulièrement aux nombreux ecclésiastiques dont il faisait la joie et la gaité. A Jérusalem je me trouvais à table en face de lui, chez les Frères. Il nous amusait beaucoup par ses réparties franches et originales. Un jour, entr'autres, en plein réfectoire, le Père Bailly demandant l'avis de l'assemblée sur la nouvelle hôtellerie (N.-D. de France), Laroudie se leva pour dire nettement ce qu'il pensait : quelques-uns avaient déjà parlé avant lui. Comme je lui demandais avant s'il oserait élever la voix, lui, simple ouvrier : « Si le Bon Dieu me l'inspire, dit-il, je parlerai, et je ne dirai que ce qu'il me suggérera. » Ce qui fut dit, fut fait, et si son avis ne fut pas adopté, du moins il fut écouté. Ce simple trait dénote sa foi et son courage. Allons plus loin.

Il était avec les bons Frères, dont il avait été autrefois l'élève, d'une familiarité tout à fait enfantine, malgré sa tête chauve.

Il les regardait volontiers comme ses parents et les membres de sa propre famille. Ceux-ci étaient très sensibles à ces marques de sympathie et souriaient de bonheur à la vue d'un disciple si affectueux et si reconnaissant.

Ses conversations trahissaient chez lui certaines connaissances qui n'étaient pas l'apanage habituel des gens de sa classe et qu'on écoutait toujours avec plaisir. Ce n'était pas un homme spirituel, ni intelligent, dans la force du terme, mais un croyant, un homme droit, juste, craignant Dieu. Il avait un petit bagage d'instruction, mais un gros fardeau de foi, de zèle et de piété qui lui sert en ce moment beaucoup plus devant Dieu que tous les talents professionnels dont il pouvait être doué. Le diocèse de Limoges a fait preuve de raison et de sagesse en choisissant, pour le représenter aux lieux-saints, un si brave et si saint homme. Nul doute que ses bonnes prières n'aient contribué à obtenir bien des grâces et à le préparer lui-même à franchir le terrible passage du temps à l'éternité. Il ne nous reste plus qu'à le prier de se faire notre intercesseur auprès de Dieu, qui nous accordera aussi, je l'espère, la grâce d'une bonne et sainte mort.

Daignez agréer, Monsieur le rédacteur, avec toutes mes excuses pour la brièveté de ces notes, l'expression de mes respectueux sentiments.

J. GROC DE SALMIECH.

Dans le courant de janvier, la lettre du frère Évrage nous arriva.

Nous lui avions envoyé le journal annonçant la mort de Laroudie dans un très bref article nécrologique, et nous y avions joint un mot lui demandant de nous dire ce qu'il pensait du défunt.

Il s'empressa de nous répondre :

J. M. J. Jérusalem, 15 janvier 1890.

Monsieur le rédacteur,

J'ai reçu avec une religieuse satisfaction le numéro de votre vaillant journal, qui relatait la vie et la mort de notre bon ami, Monsieur J.-B. Laroudie.

En lisant cette notice nécrologique, ma première pensée a été celle-ci : « Voilà un portrait exact. » Vous ne l'auriez pas nommé que je l'aurais reconnu. Dans les trois pèlerinages qu'il fit en ces saints lieux, il n'a jamais voulu, à Jérusalem, loger ailleurs que chez nous, et s'il est des pèlerins qui, parmi les 5 ou 600 que nous avons hébergés, ont laissé leurs traits et leur souvenir gravés en notre mémoire, M. Laroudie est au premier rang. Je le vois encore, entrant chez nous, chaque fois sans le billet remis à tout pèlerin pour le logement, et me disant avec le laisser-aller qui lui était propre ; « Frère Directeur, vous savez, moi, il ne me faut ni chambre ni lit, laissez la chapelle ouverte, et je m'arrangerai, le Bon Dieu et moi nous nous connaissons. » Et, en effet, le moindre recoin lui suffisait, et notre chapelle le trouvait plus souvent veillant que son lit ne le voyait longtemps. Zélé sans amour-propre et sans prétention : piété franche, continue et sans aucun signe extérieur qui témoigne de l'exaltation ; charité sous toutes les formes, bonne humeur toujours, voilà notre bon monsieur Laroudie en Terre-Sainte. Son zèle l'a transporté d'ici, de là, partout où il y avait à prier ; seuls, les endroits où la curiosité conduit le voyageur, ne voyaient pas notre bon ami, et il consacrait les dépenses qu'auraient occasionnées ces courses, à distribuer des aumônes de toutes parts. Il savait aussi dire aux moins courageux du pèlerinage que l'on était à Jérusalem, et que se plaindre ici ne pouvait être dans le programme. Et tout cela se faisait, se disait avec toute liberté, avec ce franc-parler qui ne froissait personne.

Ici, à Jérusalem, nous voyons souvent des pèlerins, tant catholiques que dissidents, à dévotion originale, extravagante même ; chez notre bon monsieur Laroudie, c'était la fidélité quotidienne à ses prières, longues toujours, mais calmes, tranquilles, et rien de plus ; c'étaient des nuits passées au Saint-Sépulcre, au berceau de Bethléem, en notre chapelle. En un mot, c'était l'homme du devoir fidèlement accompli, par pur amour de Dieu et sans aucune recherche.

Pauvre lui-même, jamais il n'est venu à Jérusalem sans faire des aumônes un peu partout. Une année, c'étaient des vases pour notre chapelle ; une autre fois, c'étaient des récompenses pour nos enfants, etc. : telle maison recevait de lui 20 fr., 30 fr., etc., et tous ces dons étaient si gentiment offerts, qu'il semblait remercier ceux qui étaient heureux de les accepter.

Pour moi, j'avais voué à ce bon monsieur un culte de la plus religieuse amitié ; et mes frères et nos enfants étaient grandement édifiés de voir un simple pèlerin si pieux, si zélé, si charitable,

De Limoges, il m'adressait chaque année une offrande pour nos œuvres, et cette charité, il nous l'a continuée jusqu'à sa dernière heure.

Je regrette que les embarras inévitables que me procurait la présence de 80 à 100 pèlerins, hébergés chez nous, ne m'ait jamais permis de donner un peu de mon temps à ce

Jean-Baptiste Laroudie. 8

digne ouvrier, j'aurais gagné beaucoup à le fréquenter davantage.

Tels sont, Monsieur, les quelques mots que je suis heureux de vous transmettre, avec l'hommage de ma gratitude et de mon profond respect.

Votre petit serviteur,
Frère ÉVAGRE.

Enfin. M. Honnet nous a écrit :

Troyes, 25 février 1890.

J'ai eu le bonheur de faire, en compagnie de Laroudie, le pèlerinage de Jérusalem, en 1887, et je puis vous assurer que je l'ai admiré dès cette époque dans sa joyeuse simplicité, la bonté de son cœur et son dévouement pour tous les pèlerins.

Veuillez agréer, Monsieur, l'expression de mes sentiments respectueux et dévoués en N. S.

Émile HONNET.
Directeur du cercle catholique de Troyes.

Nous ne croyons pas qu'il soit nécessaire de commenter ces trois documents : le récit des actes héroïques qu'on lira plus loin, prouvera une fois de plus que tous ceux qui, ayant connu Laroudie, rendent hommage à sa haute vertu, ne remplissent qu'un devoir de stricte justice.

Le saint ouvrier aurait bien voulu retourner à Jérusalem, lors du pèlerinage de 1889, le Bon Dieu ne le lui permit pas.

En revanche, il lui ouvrit toutes grandes les portes de la Jérusalem céleste où il chantera éternellement ses louanges. Il prie maintenant pour ses parents, pour ses amis, pour son pays qui sera sauvé, le jour où renaîtront, dans tous les cœurs ouvriers, les sentiments chrétiens qui, après avoir fait le bonheur sur la terre, procurent la gloire au ciel.

CHAPITRE SEPTIÈME.
Le tertiaire de Saint-François.

IL y a sept cents ans, la société traversait une crise comme celle que nous subissons aujourd'hui ; on était à une époque de transformation sociale. Les peuples armés les uns contre les autres se menaçaient sans cesse, le luxe était exagéré, les mœurs relâchées, le monde semblait vieux, décrépit par l'âge : il lui fallait un remède qui refît sa constitution.

Les desseins de Dieu sont admirables ! Pour renouveler la face de la terre, les plus modestes instruments font des merveilles entre ses mains ; ce sont ceux qu'il préfère.

En 1182 naissait à Assise celui dont il devait se servir pour sauver la société.

François, qui devait être appelé un jour le séraphin d'Assise, était né d'une famille de riches commerçants ; élevé dans le luxe, il voulut suivre d'abord les traditions du temps et embrasser la carrière des armes ; mais Dieu lui fit comprendre qu'il lui réservait un autre rôle, et le bouillant jeune homme, laissant là le monde, se jeta dans les bras du souverain Maître de toutes choses.

Il avait aimé le luxe, les fêtes ; il se fit pauvre volontaire, vécut dans les larmes. Il avait souhaité la gloire des combats, il devint un modèle de douceur et de paix. Son humilité fit honte aux orgueilleux, son dénuement aux riches, sa bonté aux violents, sa chasteté aux dissolus, son oubli de soi-même aux égoïstes.

Il suffisait qu'on le vit pour être édifié ; une promenade dans les rues d'Assise valait le plus éloquent des sermons. Il était dans un tel état d'innocence, il s'était si bien modelé sur son Sauveur que, retrouvant sur la nature et les animaux l'antique empire de l'homme détruit par le péché, il parlait aux bêtes du Bon Dieu,

ASSISE. — Le Sacré Couvent.

s'en faisant écouter et comprendre. Dieu lui donna le don des miracles.

Il avait une horreur instinctive des lépreux. Un jour il en voit venir un de loin ; son premier mouvement est de rebrousser chemin, mais il se ravise, va droit au pauvre malade, l'embrasse avec tendresse, surmontant ainsi toutes ses répugnances.

En remportant sur sa nature une semblable victoire, François avait fait plus que de triompher de lui-même, il avait triomphé en même temps de l'incurable lèpre qui dévorait le corps du malheureux. Le malade sortit de ses bras complètement guéri.

Plus tard, lorsqu'il eut passé de longues années à pleurer les péchés du monde et à méditer sur les souffrances et la mort de son Sauveur, Dieu le marqua de son sceau en imprimant sur ses membres les sacrés stigmates de son crucifiement.

De semblables merveilles avaient enthousiasmé l'Italie. Les Guelfes et les Gibelins, aux prises depuis près d'un siècle, oublièrent leurs querelles pour admirer et écouter François. Les orgueilleux, les débauchés, les violents se convertirent.

On accourait autour de ce nouveau maître, on sollicitait l'honneur d'être son disciple. Les postulants, sortant de tous les rangs de la société, quittaient le monde pour la pénitence. François leur fit prendre la livrée des malheureux, la robe et le manteau de bure ; il ceignit leurs reins d'une corde à laquelle il fit trois nœuds en l'honneur de la sainte Trinité, et, leur donnant pour règle la modestie, l'humilité, la pénitence, la prière, l'obéissance, la pauvreté, la chasteté, le dévouement absolu au Souverain Pontife, il les appela *minores*, les *plus petits*, d'où leur nom de frères mineurs.

Ce fut son premier ordre.

Mais les femmes n'étaient pas moins ardentes que les hommes à l'admirer et à vouloir embrasser sa règle ; il leur donna des statuts spéciaux et mit à leur tête sainte Claire.

Ce fut son second ordre.

L'entraînement était tel, son exemple si puissant, que des gens qu'une situation particulière empêchait d'entrer en religion, les gens mariés, par exemple, lui demandèrent aussi de songer à eux. François leur donna une constitution propre à leur état, les déclara frères de ses religieux du premier et du second ordre.

Cette constitution se bornait à recommander l'exacte pratique de la religion catholique, l'observation fidèle des commandements de Dieu et de l'Église, la fuite du monde, l'amour de la paix, le dévouement au Saint-Siège, l'esprit de pauvreté et la pénitence sous forme de jeûnes.

Ce fut son troisième ordre.

En ce temps où l'esprit chrétien poussait au groupement des forces sociales, de même qu'on appartenait à un pays par sa naissance, à l'Église par sa foi, à une corporation par son métier, on aimait à s'unir par le lien religieux à ces grandes familles monacales qui étaient le meilleur soutien du christianisme.

Le monde entier subit l'heureuse influence de François ; les ordres religieux s'appliquèrent plus exactement aux pratiques de l'austérité : les gens du siècle, enrôlés dans le tiers-ordre, devinrent de parfaits chrétiens. Une fois encore l'Évangile sauvait la société.

En 1882, Sa Sainteté Léon XIII, notre Souverain Pontife glorieusement régnant, jugeant que le monde subissait une crise identique à celle qui l'ébranla au XIIIe siècle, voyant partout la luxure s'étaler avec arrogance, constatant chez les peuples l'oubli de Dieu, l'accroissement du vice, voulut employer les armes qui jadis avaient victorieusement combattu l'esprit du mal. Il lança dans ce but une encyclique invitant les fidèles à prendre l'habit et à embrasser la règle de St-François.

Tenant compte de nos races dégénérées, de la dureté des temps et de nos cœurs, le Saint-Père modifia la

règle relativement aux pénitences primitivement ordon-
nées. Il voulut ainsi permettre à un plus grand nombre
d'âmes d'assurer leur salut en entrant dans le tiers-ordre.

S. Louis en costume royal.
(Tiré d'un vitrail de l'église St-Louis-Poissy.)

Son encyclique, envoyée à la catholicité tout entière, y porta des fruits.

Le troisième ordre de St-François, dans lequel

l'Église compte tant de saints ; le troisième ordre auquel se firent gloire d'appartenir des papes, des souverains, des princes, de grandes dames ; le troisième ordre qu'il-lustrèrent S. Louis et Ste Élisabeth de Hongrie, reçoit tous les jours, dans tous les pays du monde, de nou-veaux disciples de saint François. Tous les jours, les Pères du premier ordre en admettent à la profession ; les Frères du troisième répondent aux novices qui pro-mettent d'être fidèles à la règle, par ces mots si con-solants de S. François d'Assise aux premiers tertiaires :

« Et moi, si vous observez fidèlement ces choses, je vous promets la vie éternelle. »

Que c'est beau le tiers-ordre !

Que S. François fut bon en l'instituant !

Que Dieu fut généreux en le lui inspirant !

Vivre dans le monde, au milieu des siens, en évitant tous les dangers du siècle, en portant un habit religieux, en étant religieux soi-même, tout en restant fils, père, époux ! S'assurer, par l'observation d'une règle qui n'ordonne en somme que l'honnêteté et la piété, une place dans le ciel auprès du grand St François d'Assise, n'est-ce pas la paix sur la terre en attendant la gloire dans l'éternelle Patrie ?

Beaucoup l'ayant compris n'ont pas hésité : ils sont devenus fils de St-François ; c'est par eux que la société sera sauvée.

Laroudie n'avait pas attendu l'encyclique de Léon XIII pour entrer au tiers-ordre. L'ancienne règle ca-drait trop bien avec ses goûts pour qu'il ne l'embras-sât pas.

Les registres de la fraternité de Limoges prouvent qu'il prit le saint habit le 2 novembre 1852. Après l'année de noviciat ordonnée par la règle, il fit profes-sion le 20 novembre 1853 et garda comme nom de religion celui qu'on lui avait donné au baptême. Il s'appelait Jean-Baptiste, il s'appela Jean-Baptiste.

A cette époque, Limoges avait la bonne fortune de posséder un couvent du premier ordre ; les tristes décrets de 1880 l'ont fait disparaître. Aujourd'hui, à côté de la communauté des Clairettes, il ne reste plus que deux fraternités, celle des hommes et celle des femmes.

A la fraternité des hommes, Laroudie avait été investi d'une fonction qui lui convenait mieux qu'à tout autre.

Il était frère visiteur, c'est-à-dire qu'il avait mission d'aller voir les frères malades, de leur porter des consolations et au besoin des secours, de veiller sur eux jusqu'à leurs derniers moments, en ayant soin de leur faciliter la réception des derniers sacrements.

Est-il besoin de dire avec quel dévouement Laroudie s'acquittait de ces soins ? On le devine.

Il convient cependant de l'observer la règle à la main et de faire voir, pour l'édification de tous, combien il y était fidèle.

Ses nombreux travaux ne lui permettant pas de réciter tous les jours le petit office de la sainte Vierge, il disait les *Pater* et les *Ave* destinés à le remplacer. Il portait, sans jamais le quitter, le scapulaire et la corde, n'ayant pas le moindre respect humain, lorsqu'au travail, sa chemise ouverte, ses camarades remarquaient soit son grand scapulaire soit son crucifix.

Nous avons déjà parlé de sa chasteté, de sa pauvreté, de son esprit de détachement qui le portait à économiser sur ce qui lui était nécessaire pour le donner aux pauvres ou aux œuvres, de son dévouement au Saint-Siège, de son horreur des plaisirs mondains ; il nous reste à donner une idée de sa sobriété.

Il allait souvent voir son ancien camarade d'enfance,

M. Laguilhaumie, qui l'avait fait entrer à la *Persévé-rance*. M. Laguilhaumie, très honorable, courageux travailleur, s'était créé une fort jolie situation par son mariage avec la fille de son patron. Laroudie était toujours le bienvenu dans la maison.

Lorsqu'il y allait à l'heure du repas, le seul moment du reste où lui, pauvre ouvrier, eût sa liberté, son ami l'invitait toujours à prendre quelque chose, ne fût-ce qu'un verre de liqueur. Jamais Laroudie ne voulut accepter.

Chez M. Alex. Maupetit, le dévoué directeur du *Cercle St-Étienne*, où il se présentait souvent aussi, il faisait preuve de la même discrétion, de la même sobriété.

Pendant l'année qui précéda sa mort, année durant laquelle il avait été privé non seulement de vin, mais encore de la nourriture saine qui eût été nécessaire à sa santé, il arriva un jour chez M. Maupetit comme on était encore à table.

C'était le jour de la fête de mademoiselle Maupetit.

« Ah ! » lui dit le maître de la maison, « vous n'avez jamais voulu accepter ici même une goutte d'eau, aujourd'hui vous ne refuserez pas de boire avec nous à la santé de ma fille.

— Cette fois, » répondit Laroudie, « j'accepte, » et il ajouta à voix basse : « parce que j'en ai réellement besoin. » Il but un petit verre de vin de Bordeaux.

Vers la même époque, arrivant chez M. Albert Péni-caud, il y fut subitement pris d'un crachement de sang. On lui offrit un cordial, il le but.

Ces faits paraissaient si extraordinaires, sortaient tellement de ses habitudes, qu'on les citait, qu'on se les rappelait, qu'on est venu nous les signaler.

Un autre trait bien touchant prouvera combien il avait l'esprit de pauvreté. C'était toujours pendant cette triste année durant laquelle il ne trouvait pas de travail.

Quelques-uns de ces messieurs des œuvres de Limoges, sachant sa situation, avaient fait faire sans lui en rien dire un costume de drap qu'ils lui apportèrent.

Laroudie les remercia, mais déclara qu'il ne voulait pas l'accepter.

« Que voulez-vous que nous en fassions ? » dirent ses amis, « il a été fait spécialement à votre taille, il ne peut aller qu'à vous... Vous nous ferez de la peine en nous obligeant à le remporter.

—C'est bien, » répondit-il, « laissez-le là, je vous remercie mille fois, vous êtes trop bons. »

Quelques semaines après, un des donateurs rencontre Laroudie revêtu de son éternelle blouse.

« Eh bien, et votre costume, en êtes-vous satisfait ?

—Très content, vous m'avez rendu un fier service ! Il y avait un pauvre homme chargé de famille, que je connaissais, qui n'avait que des guenilles dans lesquelles il grelottait, je le lui ai donné, et il lui va comme s'il avait été fait pour lui ! »

Voilà comment il savait se souvenir de la parole du divin Maitre : « J'étais pauvre, et vous m'avez secouru : j'étais nu ; et vous m'avez vêtu. »

Il n'oubliait pas non plus les grands exemples laissés par son séraphique Père S. François.

Dans ses visites de malades et de pauvres, il avait à aller dans une famille où un petit enfant scrofuleux, couvert d'ulcères, était par son triste état un objet d'horreur et de crainte. Ses parents eux-mêmes n'osaient pas s'approcher trop près de lui.

Laroudie, témoin de ces hésitations et de ces craintes, accomplit un jour devant ces gens stupéfaits un acte héroïque. Il le fit sans ostentation, comme par distraction, sans vouloir leur donner une leçon, peut-être même pour vaincre le dégoût qui l'envahissait lui-même.

La face du malade était toute humide, soit de la salivation de l'enfant, soit de la sécrétion de ses plaies.

« Eh! le pauvre petit, » s'écrie Laroudie en s'approchant de lui, « il ne faut pas le laisser dans cet état, nettoyez-le donc un peu ! »

En même temps, avec son mouchoir, il essuie ce visage hideux, puis se mouche avant de remettre ce mouchoir dans sa poche.

En le voyant faire, les parents furent rassurés et laissèrent l'enfant dans un moins grand abandon.

Un autre fait, ressemblant plus encore à celui qu'accomplit S. François d'Assise vis-à-vis du lépreux, prouvera quel était le degré de vertu du saint ouvrier.

L'œuvre si belle de l'Adoration nocturne existe à Limoges depuis de longues années. Laroudie était un des assidus de ces douces veillées, où de saintes âmes vont adorer le Dieu-hostie, exposé sur l'autel dans le silence de la nuit, pendant que les mondains, qui l'oublient, vont dans les bals, dans les théâtres, dans tous les lieux d'où son nom et sa pensée sont bannis.

M. Bérubet qui, de son vivant, était aussi un grand chrétien, était chargé de tenir le registre des adorateurs.

Le nom de Laroudie figure presque à chaque page de ce livre d'or.

Quelquefois, lorsque, par suite de circonstances particulières, les adorateurs n'étaient pas assez nombreux, Laroudie, après son heure d'adoration, au lieu de prendre un peu de repos, restait en prières pendant trois ou quatre heures consécutives pour remplacer les absents.

Une nuit, chez les Pères oblats, les adorateurs s'étant trouvés en assez grand nombre, Laroudie s'était retiré dans la sacristie, au milieu de ses compagnons que ses accès de toux n'invitaient précisément pas au sommeil.

Devant le St-Sacrement il y avait deux personnes, un ancien camarade de Laroudie à la *Persévérance*, M. X..., et un pauvre ouvrier souffreteux. Soudain M. X... s'aperçoit que son voisin, en récitant avec lui l'office du St-Sacrement, ne prononce pas facilement, il s'arrête et le regarde...

« Etes-vous malade ? »

L'ouvrier ne répond pas, mais ses yeux se tournent, il bat l'air de ses bras, écumant, terrassé par une attaque d'épilepsie.

M. X..., fortement ému, court à la sacristie et réveille tout le monde.

Laroudie sort le premier, il s'avance, mais brusquement il est arrêté par une peur ridicule. Il se raidit contre ce sentiment.

« Ah ! tu as peur, » se dit-il, « attends ! »

Il se précipite vers le malheureux, et comme il hésite encore, il fait un violent effort, sort son mouchoir, essuie la bave qui s'échappe de la bouche de l'épileptique et s'en frotte la figure en disant entre ses dents :

« Eh bien, tu peux avoir peur maintenant ! »

Un mondain auquel on racontait ce trait héroïque, fit une réponse qui prouva qu'il ne le comprenait pas.

Tous ceux qui ont lu des vies de saints et qui liront ces lignes, comprendront, eux, nous en avons la certitude.

Le caractère d'enfant de Saint-François qu'avait Laroudie, explique facilement comment il aimait tant les lieux saints, et comment il se privait si facilement pour envoyer aux Pères Franciscains de Terre-Sainte de généreuses aumônes.

Dans ses pèlerinages il avait rencontré un tertiaire

qui, ayant abandonné complètement le monde, s'était retiré dans la campagne vivant de privations, n'ayant pour abri que le pauvre ermitage qu'il s'était construit.

Dans les papiers de Laroudie nous avons retrouvé de ses lettres ; il nous paraît intéressant d'en reproduire une :

Ce pieux ermite signait : frère Marie-Joseph.

Voici en quels termes il écrivait à Laroudie :

✠

Le Seigneur vous donne sa paix !

Mon cher frère en saint François,

Il y a longtemps que j'aurais dû vous écrire, mais je ne savais pas votre adresse. J'ai été obligé de la demander au bon frère L...., ce bon vieillard de Limoux, qui me dit qu'il veut, lui aussi, vous écrire, et me charge, en attendant, de vous souhaiter le bonjour.

Je vous envoie aujourd'hui mes souhaits de bonne année, je prie le Seigneur qu'il daigne vous l'accorder, et vous comble de ses ineffables bénédictions en ce monde en attendant le jour où, après avoir tant travaillé pour lui sur cette terre d'exil, il vous donnera votre récompense dans le ciel, en compagnie de tous ses bienheureux et pour l'éternité.

Vous devez vous souvenir de moi, du petit frère Joseph qui vous a accompagné à Saint-Jean-du-Désert et depuis à Nazareth, et enfin à Rome.

Je suis rentré en possession de mon ermitage cinq jours après notre arrivée en France.

C'est là que je trouve le bonheur, quoique je sois bien pauvre et ne vive que de charité et du lait d'une chèvre qui est ma seule fortune.

Que je serais heureux de vous revoir, mon cher frère, et de m'entretenir avec vous de notre saint pèlerinage de Jérusalem.

Si vous venez un jour à Notre-Dame de Lourdes, poussez donc jusqu'à X... vous m'écrirez, et j'irai au-devant de vous.

Je vous mènerai dans mon ermitage, où vous passerez un jour ou deux.

Je vous envoie cette image, elle vous donnera une idée de la chapelle où je vais prier : c'est bien peu de chose, ça n'a pas grand prix, mais je n'ai rien de mieux : je suis pauvre !

Donnez-moi donc de vos nouvelles, vous me direz si vous n'avez pas été trop fatigué en arrivant chez vous et si vous ne vous sentiez plus de votre grand mal de mer.

Je suis, mon cher frère, votre très humble serviteur,

Frère MARIE-JOSEPH,
Ermite.

Dieu soit loué, aimé et adoré à jamais !

P. S. — Ne m'oubliez pas dans vos bonnes prières.

Les personnes qui vont souvent à Lourdes y ont peut-être remarqué un pèlerin portant une robe de bure tellement fanée qu'elle n'a plus de couleur. Les pieds nus, ceint de la corde, il prie longuement dans la grotte et n'est pas prêtre, attendu qu'il fait la sainte communion comme tous les fidèles.

Nous l'y avons vu pendant le pèlerinage national de 1887, et nous ne savons pourquoi nous sommes porté à supposer que ce pieux pénitent pourrait bien être l'ami de Laroudie, le frère Marie-Joseph.

Quoi qu'il en soit, sa lettre prouve qu'il avait su, lui aussi, apprécier le saint ouvrier de Limoges.

Nous avons dit qu'au tiers-ordre, Laroudie avait la fonction de visiter les malades ; nous n'étonnerons personne en ajoutant qu'il ne se bornait pas à voir les membres de la fraternité.

Parmi les personnes malades chez lesquelles il allait, il en est une à laquelle il portait un grand intérêt.

C'était mademoiselle Madeleine Laguilhaumie, demeurant rue du Clocher, 32, à Limoges, chez son père, l'ami d'enfance du saint ouvrier.

Mademoiselle Laguilhaumie avait eu de tout temps une très délicate santé mais au moment où Laroudie allait la voir, elle était atteinte d'une paralysie des jambes qui l'obligeait à un repos absolu. Nous croyons devoir insister, on verra plus loin pourquoi, sur l'état maladif de la jeune fille.

Dès l'âge de dix-huit mois, l'enfant, mal nourrie hors de la maison paternelle, était déjà délicate. A sept ans elle eut une coqueluche qui dégénéra en asthme.

M. le docteur Thouvenet qui la soignait, invita sa famille à la conduire à Cauterets ; il pensait que trois saisons consécutives pourraient lui rendre la santé.

Madame Laguilhaumie, en bonne chrétienne qu'elle était, commença par s'arrêter à Lourdes où, avec sa fille, elle fit ses dévotions.

Dès la première année, l'affection des bronches céda, mais pendant que ces dames étaient aux eaux, quelqu'un fit remarquer à la mère que sa fille avait une épaule plus haute que l'autre, se penchait pour marcher, et finirait, si on n'y faisait pas attention, par devenir bossue.

Madame Laguilhaumie, très ennuyée de cette nouvelle complication, observa l'enfant et remarqua le bien fondé des observations qui lui avaient été faites.

Elle songea à voir un médecin.

Le docteur Thouvenet, le sien, était justement à Cauterets à ce moment-là : elle lui conduisit sa petite Madeleine.

Il l'examina avec une scrupuleuse attention.

Après l'avoir toisée, mesurée. il reconnut qu'elle avait une tendance à se tourner de côté.

Il ordonna un repos de quatre mois au lit.

Ce laps de temps écoulé, la déviation s'accentuant, il fallut recourir à un appareil.

La petite Madeleine, qui était rentrée à Limoges, l'adopta immédiatement et reprit ses habitudes.

Quelques années s'écoulèrent.

L'enfant avait grandi et venait d'avoir treize ans.

Un dimanche, en sortant des vêpres, son père et sa mère, qui avaient pris l'habitude de faire avec elle de longues promenades, l'avaient menée du côté de la vieille route d'Aixe, au *Trou du loup.*

En revenant, elle se déclara très fatiguée et finit par ne plus pouvoir remuer les jambes.

M. et Mme Laguilhaumie étaient désolés.

Le docteur Thouvenet, appelé près de Madeleine, déclara qu'elle avait été frappée de paralysie et qu'elle ne marcherait plus.

L'arrêt était bien cruel, mais un cœur de mère ne se laisse pas décourager.

Madame Laguilhaumie demanda à M. Thouvenet d'appeler avec lui deux autres médecins ; elle voulait être fixée définitivement et tenait à avoir une consultation.

Le docteur se rendit à ses désirs et convoqua M. le docteur Bleynie père et M. le docteur Chénieux.

Ces messieurs examinèrent la malade, reconnurent la paralysie et se retirèrent après avoir corroboré les premières constatations de leur confrère.

Madame Laguilhaumie ne se tenait pas pour battue, elle avait entendu parler d'un médecin de Paris, très distingué, limousin d'origine, qui avait et qui a toujours une grande réputation, M. le docteur Cruveilhier. Elle s'enquit du jour où il passerait à Limoges en se rendant de Paris à sa propriété du canton de Châteauneuf, et le pria de venir voir sa petite malade.

Le docteur s'empressa de se rendre à cet appel, fit

les mêmes constatations que ses confrères, essaya de cautères, de pointes de feu, sans obtenir aucun résultat.

Les pauvres parents, désolés, n'avaient plus qu'à

JÉRUSALEM. — La chapelle du Saint-Sépulcre.

offrir à Dieu leur chagrin et à lui demander d'avoir pitié de leur petite fille.

C'est ce qu'ils firent.

Dans leur maison, avait été caché, pendant la Révolution, le chef de saint Martial, l'apôtre de l'Aquitaine, ils adressèrent au saint d'ardentes prières, mais le ciel paraissait sourd à leurs voix.

Il y avait vingt mois que Madeleine, ne marchant plus, passait sa vie soit au lit, soit étendue sur un canapé, lorsque Laroudie, sur le point de faire son premier pèlerinage de Terre-Sainte, vint faire ses adieux à la petite malade et promit de lui rapporter de Jérusalem un objet ayant reposé sur le Saint-Sépulcre.

On était alors en 1882.

A son retour, le saint ouvrier n'oublia pas la jeune fille.

Un jour, après son dîner, il prit dans ses souvenirs de Terre-Sainte une petite croix d'olivier ne mesurant que cinq ou six centimètres, et l'apporta à Madeleine Laguilhaumie.

« Voilà, » lui dit-il, « une petite croix que j'ai déposée moi-même sur le Saint-Sépulcre, je suis sûr que si vous la portez, le Bon Dieu vous guérira. »

Il était environ une heure et demie après midi. On mit un cordon à la croix, et Mme Laguilhaumie la passa au cou de sa fille.

La conversation continua, Laroudie raconta les péripéties de son voyages, puis, quand l'heure du travail sonna, prit congé de ses amis.

Le reste de la journée se passa comme de coutume pour la petite infirme.

Le soir, lorsque l'heure de mettre l'enfant au lit arriva, la mère fit sa toilette de nuit et, au cours des soins qu'elle lui donnait, Madeleine s'écria :

« Mère, je viens de te donner un coup de pied !

— Tu l'as cru, pauvre petite, tu sais bien que tu ne peux pas remuer tes jambes.

— Je t'assure que si : du reste, il me semble que mes pieds remuent. »

La mère sourit tristement, embrassa la fillette, la borda dans ses couvertures et la laissa dormir.

Le lendemain matin, la conversation de la veille était oubliée ; Madame Laguilhaumie leva la malade et l'étendit comme de coutume sur son canapé.

A midi, on se mit à table.

Vers la fin du repas, il était environ une heure, Madeleine déclara brusquement qu'elle voulait aller se mettre sur les genoux de son père.

« Père, tends-moi les bras ! » dit-elle.

Le père ne peut en croire ses oreilles.

La jeune fille, cependant, se redresse sur son canapé, en descend toute seule et va rejoindre son père, muet d'émotion.

La mère est stupéfaite.

Madeleine déclare qu'elle veut aller à la porte du magasin ; la voilà en effet qui joint l'acte à la parole ; elle va se montrer sur ce seuil où depuis de longs mois on ne l'a pas vue.

On conçoit l'étonnement de tous les voisins. M. le curé de Saint-Michel, prévenu, arrive, constate la guérison, propose à la jeune fille de venir le lendemain à St-Michel faire une communion d'action de grâce pour remercier Dieu.

Le lendemain, en effet, accompagnée de ses parents, devant une foule de gens qui la connaissaient et la savaient paralysée, Madeleine se rendit à l'église à pied et y communia.

Quelques jours après, se promenant avec sa mère dans les rues de Limoges, elle rencontra M. Thouvenet qui crut qu'il se trompait et qu'il n'avait pas devant lui Madeleine Laguilhaumie.

Il y a huit ans que cette guérison a été obtenue ; or, depuis, mademoiselle Laguilhaumie n'a plus éprouvé la moindre indisposition pouvant se rapporter à son ancienne maladie.

Nous sommes allé la voir: elle porte toujours à son cou la croix que Laroudie lui donna en 1882 et lui attribue son retour à la santé.

Nous ne croyons pas inutile de dire que nous avons longuement et minutieusement interrogé la mère et l'enfant.

Nous voulions savoir toute la vérité, nous l'avons sue ; bien mieux, nous avons acquis la certitude qu'il était impossible d'attribuer à un phénomène de suggestion la guérison de la malade.

On est très fort, aujourd'hui, pour mettre les choses qu'on ne peut expliquer sur le compte de l'hypnotisme et de la suggestion.

En matière de paralysie et de maladies nerveuses, vous avez des gens qui vous disent, sans broncher, que la persuasion qu'a le malade qu'il va être guéri, que la tension de son esprit vers ce but, que l'effort de sa volonté pour l'atteindre, suffisent pour faire disparaître son infirmité.

En supposant que ces phénomènes puissent se produire, ce qui n'est pas prouvé, nous avons la preuve qu'ils n'ont pas pu avoir lieu chez Mademoiselle Laguilhaumie.

Sans avoir dit à la jeune fille quel était le but de nos questions, nous l'avons interpellée de la façon suivante :

« Lorsque Laroudie vous a eu remis cette petite croix, » mademoiselle, « avez-vous réfléchi à ce qu'il vous avait dit en vous la donnant ?

— Je ne le crois pas, je ne m'en souviens pas.

— Avez-vous éprouvé une émotion, un trouble quelconque ?

— Du tout.

— Avez-vous, dans la journée, pensé à la possibilité de votre guérison ?

— En aucune façon.

— Et le soir, en vous couchant, en faisant votre prière ?

— Je n'ai rien changé à mes habitudes quotidiennes.

— Comment vous n'avez pas dit à Dieu :

« Mon Dieu, voilà une croix qui a reposé sur votre « tombeau, guérissez-moi, je vous prie ? »

— J'avoue que je n'y ai pas pensé.

— Avez-vous dormi ?

— Comme toutes les autres nuits.

— Et le lendemain avez-vous songé à la visite de Laroudie et à son petit souvenir ?

— Je ne crois pas ; du reste si j'avais été préoccupée je m'en souviendrais.

— Mais, enfin, comment l'idée vous est-elle venue de vouloir vous lever pour aller sur les genoux de votre père ?

— Subitement.... J'étais sûre, la veille au soir, d'avoir remué les pieds, j'ai senti tout à coup que je pourrais marcher et je me suis levée.

— Mais alors, vous avez bien remercié Dieu ?

— Ah ! oui, par exemple, puisque dès le lendemain je suis allée communier.

— Et depuis, vous n'avez plus rien ressenti ?

— Absolument rien.

— Eh bien, mademoiselle, il me reste à vous remercier.

« M'autorisez-vous à demander au docteur Thouvenet quelle était votre maladie, et à raconter votre guérison dans la *Vie de Laroudie* que je vais écrire ?

— Certainement, monsieur, nous voulions faire publier ce fait extraordinaire depuis bien longtemps, mais, nous ne savons pourquoi, Laroudie n'a jamais voulu en parler.

— Il craignait peut-être qu'on pût attribuer à l'efficacité de ses bonnes prières cette faveur du Bon Dieu.

— C'est probable.

— J'ai encore autre chose à vous demander, mademoiselle, ce sera d'approuver mon récit par une signature, de façon à ce qu'il ne fasse de doute pour personne ; je demanderai la même chose à monsieur votre père et à madame votre mère. »

Tout le monde acquiesça à notre demande.

Avant de donner le *bon à tirer* de ce passage de la *Vie de Laroudie*, nous en avons envoyé les épreuves à la famille Laguilhaumie, qui nous a adressé les attestations suivantes :

Nous soussignés, après avoir lu le récit fait par M. des Fourniels de la guérison de notre fille, récit qui doit paraître dans un livre intitulé : *Vie de Jean-Baptiste Laroudie*, nous déclarons, en toute liberté et en toute sincérité, que ce récit est exact en tous points et absolument conforme à la vérité.

Limoges, le 25 mars 1890.

Gérard LAGUILHAUMIE.

Catherine LAGUILHAUMIE.

Je joins mon attestation à celles de mon père et de ma mère ; j'ai bien été guérie comme on le raconte ci-dessus.

Limoges, le 25 mars 1890.

Madeleine LAGUILHAUMIE.

Corformément à l'autorisation que nous en avions reçue de la famille Laguilhaumie, nous avons écrit à M. le docteur Thouvenet pour lui demander quelle avait été la maladie de Madeleine.

L'honorable docteur qui, nous devons le dire, est de

ceux qui ne croient pas aux guérisons miraculeuses, nous a répondu.

Nous ne pouvons pas reproduire sa lettre, n'en ayant pas reçu l'autorisation, mais nous pouvons déclarer que, d'après lui, mademoiselle Madeleine Laguilhaumie était atteinte « *d'une affection des os de la colonne verté-brale*, ayant produit une *compression de la moëlle épi-nière* et une *paraplégie incomplète.* »

Le docteur attribue probablement la guérison brus-que de sa malade à un fait naturel qu'il ne s'explique pas ; mademoiselle Laguilhaumie et sa famille croient et disent que la guérison est surnaturelle.

Nous nous sommes borné à raconter un fait : nous ne nous permettrons pas de le qualifier ; ce droit n'est pas le nôtre : il appartient à l'Église seule.

Sans nous nommer mademoiselle Laguilhaumie, Laroudie nous avait parlé pendant sa maladie de cette guérison surprenante.

Il eut même la bonté de nous donner une croix ayant aussi été déposée par lui sur le saint Sépulcre et tout ce qui lui restait de ses souvenirs de Terre-Sainte, expri-mant le désir qu'à l'occasion on les fît toucher aux malades.

Lorsqu'il le faudra, nous ne manquerons pas d'obéir à cette volonté qui fut l'une des dernières qu'il ex-prima.

Parmi les œuvres de miséricorde auxquelles s'adon-nait Laroudie, il en est une qu'il pratiquait avec une piété touchante ; c'est celle de l'ensevelissement et de la veillée des morts.

Dans la classe ouvrière, et surtout chez les pauvres, on pense malheureusement peu, au moment d'un décès, à ce qui est le plus urgent et le plus essentiel ; la prière. Laroudie le savait et s'efforçait de réparer ce regrettable oubli.

Lorsqu'il apprenait que dans une mansarde un malade se mourait, il y allait, apportait quèlque secours à la famille et renouvelait ses visites jusqu'au décès.

Lorsque le pauvre mourant avait rendu l'âme, il lui fermait les yeux et récitait pieusement un *De profundis*.

Alors commençait la funèbre toilette ; il la faisait lui-même, donnant avec respect au cadavre tous les soins usuels, ne cessant de prier que pour demander le linge et les objets qui lui étaient nécessaires.

Très souvent, il se faisait aider par un prêtre de ses amis, et comme il savait quels mérites on acquiert à accomplir pareille œuvre, il n'aurait eu garde d'en priver le digne ecclésiastique.

Lorsque le décès avait lieu pendant la nuit, cela ne l'arrêtait pas ; il courait réveiller le prêtre et lui disait : « Un tel est mort je viens vous chercher pour que vous m'aidiez à l'ensevelir. »

A combien de pauvres gens rendit-il ce dernier service ?

Dieu seul le sait !

Lorsque ce fut son tour de quitter ce monde, il songea longtemps à l'avance à son ensevelissement.

En digne fils de Saint-François, il voulut être revêtu du grand habit de l'ordre.

Lui qui n'avait jamais rien demandé, rien accepté, nous chargea bien humblement de prier la fraternité de lui faire faire une grande tunique.

Son souhait fut exaucé plusieurs semaines avant sa mort.

Il repose en paix, en attendant la résurrection, dans la robe de bure qui est la livrée sainte des fils du grand et séraphique François d'Assise.

CHAPITRE HUITIÈME.
Dernières années.

NOUS avons essayé, dans les pages qu'on vient de lire, de donner une idée bien nette de ce qu'était Laroudie comme ouvrier et comme chrétien.

Nous voudrions avoir pu le faire aimer, nous voudrions, surtout, qu'après l'avoir admiré, on se sentît porté à l'imiter.

Quels que puissent être les fruits de la lecture qu'on vient de faire, nous ne croyons pas avoir travaillé en vain.

Nous avons jeté le grain, la grâce du Bon Dieu le fera fructifier. Il nous reste maintenant à montrer comment s'est terminée une vie si bien remplie.

Cependant, avant d'en arriver là, nous avons à reprendre la chronologie des faits, que nous avions abandonnée pour étudier le saint ouvrier de Limoges aux différents points de vue qui ont fourni la matière des quatre chapitres qui précèdent. Aussi bien, cette chronologie ne sera pas longue.

Nous avons dit déjà quelle était l'uniformité de la vie de ce grand chrétien, nous avons parlé de ses bonnes œuvres, de ses pèlerinages, nous l'avons vu aux prises avec les difficultés de la vie, avec la pauvreté ; les deux faits saillants de la dernière période de sa vie sont frappés d'un sceau qui devait ajouter à sa sanctification et à ses mérites : le sceau de la douleur.

C'est comme fils que Laroudie eut le cœur déchiré. Il souffrit horriblement deux fois.

La première lorsqu'il perdit sa mère selon la nature ; la seconde, lorsqu'il vit sa mère spirituelle, l'Église de Jésus-Christ, persécutée par les sectaires, livrée sans merci à la haine des francs-maçons, aux insultes d'une foule stupide.

La mort de sa mère selon la nature brisa son âme aimante et dévouée : mais sa blessure trouva, dans la prière et l'adoration de la volonté divine, un adoucissement. La persécution de sa mère l'Église le fit souffrir plus longtemps.

Tous les jours, jusqu'à sa mort, les événements se chargeaient de retourner le fer dans la plaie.

Jusqu'en 1880, les blessures n'avaient été que des coups d'épingles ; cette année-là, les persécuteurs frappèrent avec des armes pouvant donner la mort. Mais n'anticipons pas.

Pendant le courant de décembre 1867, Madame Laroudie, qui était âgée et d'une santé assez délicate, tomba malade. Jean-Baptiste qui, avec l'amour de Dieu et des pauvres, n'en avait pas eu d'autre que celui de sa mère, eut comme le douloureux pressentiment qu'une cruelle épreuve l'attendait.

Les soins dont il entoura la malade prouvèrent une fois de plus combien il y avait de bonté et de délicatesse dans son cœur.

Les derniers jours de l'année arrivèrent et, avec eux, les dernières heures de vie de cette bonne mère de famille. Le quartier tout entier dans lequel habitaient les Laroudie était dans l'attente du douloureux événement. Tout le monde avait aimé l'excellente femme, tout le monde pensait à elle, priait pour elle, la pleurait déjà.

Enfin, l'heure suprême sonna. Le 3 janvier 1868, on apprit que Madame Marcelle Laroudie avait rendu son âme à Dieu.

Cette nouvelle prit les proportions d'un événement dans le voisinage.

Le bon et vénérable prêtre qui est actuellement le curé très aimé de Saint-Pierre, était déjà depuis de longues années à la tête de cette paroisse de Limoges dont les fidèles sont au nombre d'au moins vingt mille.

Il connaissait de vieille date Madame Laroudie et avait su l'apprécier. Il crut devoir en faire publiquement l'éloge. Nous lui laissons la parole.

L'article qu'il envoya dans ce but à l'*Univers* à l'occasion des obsèques de cette pauvre femme du peuple, n'est pas ici déplacé. Il offrira un beau modèle aux ouvrières qui veulent que leurs enfants, après avoir été de bons chrétiens en ce monde, aillent grossir un jour au ciel la phalange des saints.

Voici dans quels termes M. l'abbé Delor écrivait au grand Louis Veuillot :

Monsieur le Rédacteur,

L'*Univers* se fait lire par une foule d'esprits fort peu sympathiques à l'Église. Voulez-vous, sur ce terrain où des joutes brillantes appellent toutes sortes de spectateurs, donner place à un simple récit, qui édifiera les uns et ouvrira le cœur des autres au respect.

Dimanche 5 janvier, dans l'église paroissiale de Saint-Pierre, à Limoges, autour d'un très modeste cercueil, se pressait une foule nombreuse. Cette foule, dans sa très grande majorité, se composait d'hommes et de femmes du peuple.

Mais dans les rangs épais, se trouvaient des personnes de la haute société, des ecclésiastiques, d'anciens officiers, des magistrats, le président de la conférence de Saint-Vincent de Paul, le président de la société de Saint-François-Xavier.

Tout ce monde priait, en union avec le Saint-Sacrifice, pour le repos de l'âme de feue Marcelle Guitard, femme L..., décédée l'avant-veille à l'âge de 76 ans. Elle était morte pauvre, après être venue pauvre au monde et avoir vécu plus pauvre encore.

Née dans la campagne, mariée à Limoges, bientôt mère de trois garçons et d'une fille, veuve de bonne heure, elle avait connu toutes les peines de la vie.

Dans la misère, condition trop souvent d'inertie, d'affaissement et parfois, hélas! d'abrutissement, cette femme, parce qu'elle fut très chrétienne, rencontra tout simplement le sublime.

Engagée dès sa jeunesse au service d'une famille d'artisans, elle y donnait ses matinées et recevait pour gages trois francs par mois.

Ses soirées, employées à laver du linge, lui rapportaient à peu près le double de cette somme. Sa fille l'aidait dans ce travail.

De ses trois fils, assez mauvaises têtes d'abord, élèves des Frères, mais élèves peu dociles, ne pouvant pas, comme elle l'aurait voulu, leur donner un état, il fallut, pressée par les besoins, faire ce qu'elle put. Elle les mit à servir les maçons. Quand le plus jeune, dans je ne sais plus quel chantier, fut arrivé à gagner quatre sous par jour, elle se dit : « Au moins, le voilà au travail ! il s'y améliorera, j'en suis sûre. »

En temps ordinaire, on vivait. Une année que le pain était cher et que le travail chôma, on souffrit : la sœur de charité dut passer par là.

« Bonne mère, vous ne venez à nos distributions ni vous ni aucun des vôtres, nous donnons pourtant de bon bouillon.

— Oh ! ma sœur, je ne me suis jamais *montrée*.

— Mais voici une heure où vous ne trouverez personne. Ce soir et deux autres jours de la semaine, je vous attendrai, moi toute seule, vous toute seule.

— Merci, ma sœur, feu mon mari ne l'aurait pas souffert, et cela ferait de la peine à mes enfants.

— Prenez garde, mère, il y a là peut-être de l'orgueil.

— Je ne connais pas l'orgueil, mais il me semble qu'un peu de fierté ne gâte rien. Avoir du cœur jusqu'au bout ne doit pas déplaire à Dieu. D'ailleurs, voici ma proposition : Si dans trois jours vous n'avez pas trouvé plus à plaindre que nous, une famille, par exemple, pauvre comme nous, mais de plus, malade ou découragée, je vous promets d'aller chercher le bouillon. »

Sœur Marie dut se retirer. Et, pourtant, discrètement, sur un coin de la cheminée, elle avait laissé un bon de pain.

Quand la vaillante femme vit ce bon, elle le prit avec respect, elle baisa ce don de la charité invisible, elle se dit : « Il pourra se faire, après tout, que nous soyons absolument forcés d'y avoir recours, » et elle le serra dans le fond d'un tiroir.

Sœur Marie revint toutes les semaines ; toutes les semaines elle déposa un bon de pain, et le bon nouveau s'ajouta aux bons précédents.

Quelquefois le travail des deux pauvres femmes, de la mère et de la fille, manqua. On allait alors passer une heure à l'église. On faisait le chemin de la croix ; on adorait dans le tabernacle le Dieu oublié.

« Je t'assure, ma fille, » dit un soir la mère en revenant de l'église, « que, bien souvent, une porte m'étant demeurée fermée, je suis allée devant le Saint-Sacrement, et quand j'en suis revenue j'ai trouvé jusqu'à dix portes ouvertes.

La fille comprit-elle ce discours, la mère elle-même en savait-elle toute la profondeur ? Non, très probablement. Toujours est-il qu'en rentrant elles trouvèrent sur le seuil de leur porte une personne qui leur remit un paquet de linge à laver, première porte ouverte.

« Ma fille, le bord de l'eau donne de l'appétit ; si nous coupions une tranche de pain ?

— J'y pensais, » dit la fille.

On ouvrit l'armoire. La mère prit le pain. Il était fortement entamé. Elle fit comme le geste de le peser dans sa main et regarda sa fille.

« Je n'ai pas besoin de tant manger, moi, » fit celle-ci. « Quand nos trois hommes rentreront ce soir, il faudra bien cela pour cinq. »

« Eh bien ! ma fille, offrons cette privation à Notre-Seigneur. »

Un acte de vertu des deux femmes, seconde porte ouverte.

Un pain moins échancré pour les robustes appétits du soir, troisième porte ouverte.

L'hiver avec ses rigueurs passa. Un jour, chez les sœurs de charité, une femme sonna et demanda sœur Marie, et celle-ci accourut :

« Ah ! c'est vous, enfin. Une minute et je vous apporte le bouillon.

— N'avez-vous rien trouvé, ma sœur ?

— Quoi donc trouvé ?

— Eh ! de plus misérables que nous, ma sœur.

— Sans beaucoup chercher, j'ai trouvé tout près de chez vous, une mère, une veuve avec cinq enfants et un vieux grand-père malade.

— Et vous leur avez donné le bouillon ?

— Et de la tisane, et des remèdes.

— Veuillez leur donner cela de plus. »

Et elle remit à la sœur cette sublime aumône, les bons de pain qu'elle avait si bien serrés dans son tiroir.

La pauvre et noble femme, arrivée à sa soixante-onzième année, tomba malade dans le cours de décembre dernier. Ce devait être sa dernière maladie.

Elle le comprit et demanda la force et l'onction des sacrements. Le saint Viatique entra dans l'humble chambre, précédé d'un nombreux, et l'on pourrait dire, brillant cortège. Tout fut simple, doux et serein. L'agonie suivit de près. La parole ne se faisait plus entendre, les facultés semblaient éteintes, mais, tout à fait à la dernière heure, au bruit d'une formule pieuse prononcée par quelqu'un, l'agonisante fit un mouvement, on vit son bras droit, dégagé du linceul, tracer un grand signe de croix.

« Jamais, » dit un des assistants, « la divine Trinité ne m'est apparue plus auguste et le drame de la Rédemption plus solennel. »

Cette main défaillante traçant ce geste souverain ne disait-elle pas : « Portes éternelles, ouvrez-vous, et vous, princes du ciel, laissez passer une de vos pareilles ! »

*Attollite portas, principes, vestras et elevamini portæ æter-
nales ! et introibit rex gloriæ,* dernière porte ouverte.

Après la porte du paradis, faut-il parler d'une porte de gloire ouverte même sur la terre ?

Parlons-en, mais tout bas, mais le plus discrètement possible ; car si nous avons loué un peu la morte, il nous serait difficile d'en dire davantage sans offenser les vivants. Seulement tous les chrétiens savent que de telles mères ont rarement des fils vulgaires.

Enfants, ils purent avoir mauvaise tête, mais en grandissant dans cette atmosphère de sainteté et d'héroïsme, ils arrivent même, sans sortir beaucoup de leur condition pauvre, à se faire un cœur si haut qu'ils se trouvent à la taille des patriciens, et qu'autour du cercueil de leur sainte mère, ils méritent de voir une très grande foule et de très nobles amis.

H. DELOR,
curé de Saint-Pierre.

N'est-ce pas qu'il eût été bien malheureux de ne pas reproduire ce charmant article du bon curé de Saint-Pierre ?

Comme il complète bien l'idée qu'on se faisait des Laroudie !

Comme il laisse deviner ce qu'étaient les enfants d'une telle mère !

Comme, sans nommer Jean-Baptiste, il laisse bien comprendre que les traditions chrétiennes de la pauvre morte sont passées en de bonnes mains !

Cet éloge d'une mère aimée fut un baume sur la blessure faite au cœur des enfants en pleurs.

Pour toucher à cette plaie vive, il fallait la délicatesse du vénérable prêtre, de l'apôtre secret témoin de toutes les douleurs humaines, et qui, ayant vu tant souffrir, sait si bien consoler.

Après la mort de madame Laroudie, Jean-Baptiste et sa sœur continuèrent à vivre ensemble, s'aidant, se soutenant mutuellement. Le souvenir de la chère absente était vivant dans leur esprit, son nom revenait sans cesse sur leurs lèvres.

Les années succédèrent aux années, puis un jour une douleur nouvelle vint serrer le cœur de Laroudie.

Cette fois, c'était sa mère l'Église qui souffrait, était menacée, allait être persécutée.

On était en 1880. Des sectaires, après avoir essayé de faire adopter une loi destinée à tuer l'esprit chrétien en France, n'ayant pas réussi, sautèrent à pieds joints par dessus les votes du parlement et firent signer des décrets qui chassaient de chez eux les meilleurs citoyens, les religieux de l'Église catholique.

Lorsque Laroudie connut les décrets du 29 mars, il eut une angoisse indescriptible.

Après un moment de stupéfaction, son indignation se traduisit par une série d'anathèmes contre les persécuteurs.

Si ces hommes néfastes l'avaient entendu, ils eussent compris qu'en menaçant l'Église ils venaient de toucher à la corde la plus sensible des âmes françaises.

Ils le savaient bien !

Mais que leur importait ?

En véritables sectaires, ils allèrent jusqu'au bout et brisèrent d'une main brutale et lâche, en juin et novembre 1880, cette corde que les décrets de mars avaient si douloureusement fait vibrer.

Limoges, avant de voir expulser les religieux, devait être blessé dans sa foi par une mesure toute locale.

Nous voulons parler de l'interdiction des processions.

L'arrêté du 7 mai 1880, qui défendait ces pieuses et antiques manifestations, produisit dans la ville une si douloureuse impression que l'indignation se traduisit de la façon la plus inattendue.

Un beau jour, une petite brochure parut, portant la signature de Laroudie. Elle racontait, dans un style simple mais énergique, les événements qui se produisirent lorsque la police eut à faire exécuter pour la première fois l'arrêté pris par M. le maire Pénicaud, et constituait pour l'avenir un témoignage impérissable de l'énergie des catholiques de Limoges, clouant en même temps leurs persécuteurs au pilori.

Ce récit des premières attaques de la franc-maçonnerie contre le catholicisme est tellement intéressant que nous allons le reproduire presque tout entier.

Nous avons voulu savoir comment Laroudie, qui n'avait été en classe que chez les Frères, avait pu écrire aussi correctement ces vibrantes pages.

On nous a répondu que si le fond était de lui, la forme avait été corrigée, dans ce qu'elle avait de défectueux, par un de ses amis.

C'est donc bien la pensée du saint ouvrier, son cœur tout entier qu'on va retrouver dans les pages suivantes:

Il va se révéler là sous un jour nouveau ; nous allons le voir se servant des armes redoutables du XIXe siècle, la plume et la brochure ; après Laroudie pèlerin, tertiaire, membre des conférences, c'est Laroudie historien qui s'offre à nous.

AU LECTEUR.

Je n'ai certes pas la prétention d'écrire un livre, ni même une brochure. On ne peut attendre cela d'un simple ouvrier.

Mais personne n'ayant pris la plume pour raconter la noble conduite et la fière attitude du Clergé et de MM. les Bouchers, dans la mémorable journée du 16 mai 1880, je me suis cru obligé à redire ce que j'ai vu de mes yeux, ce que j'ai entendu de mes oreilles, et ce que j'ai recueilli dans de très minutieuses recherches.

Après avoir vérifié tous mes renseignements, j'ai dû, on le comprendra, soumettre mon travail à une main amie pour le revoir et le retoucher.

Cette œuvre qui est mienne, a pour but unique de montrer la puissance d'une Corporation catholique restée fidèle à ses traditions de foi et d'honneur, et de témoigner à MM. les Bouchers toutes mes sympathies et toute mon admiration.

J.-B. LAROUDIE.

NOTE.

Parmi les nombreuses félicitations reçues, il en est une que je dois signaler. MM. les Bouchers ont trouvé mon récit d'une exactitude parfaite. Cela me suffit. Désormais cette brochure se vendra au bénéfice des ÉCOLES LIBRES CATHOLIQUES DE LIMOGES.

La Journée du 16 mai 1880.

A Corporation de messieurs les Bouchers de la ville de Limoges vient d'ajouter à son histoire déjà glorieuse, une page vraiment digne de son antique renommée.

La journée du 16 mai 1880 occupera une place mémorable dans les annales de cette célèbre Corporation.

Chaque année, le dimanche qui suit le 10 mai, messieurs les Bouchers solennisent avec pompe la fête de Saint-Aurélien, leur patron et leur protecteur, dont ils gardent depuis des siècles les précieuses reliques dans la chapelle située au centre de leur populeux quartier. Chaque année, outre les offices solennels, ils ont l'usage de porter processionnellement, dans les rues de la cité, la belle châsse qui contient le chef du second évêque de Limoges.

Chargés de ce noble fardeau, ou fiers de lui faire escorte, ils se rendent d'abord au tombeau de Saint-Martial, que possède l'église Saint-Michel-des-Lions, pour honorer le grand Apôtre venu le premier dans nos contrées annoncer la bonne nouvelle de l'Évangile, et pour saluer celui auquel saint Aurélien dut sa double résurrection, corporelle et spirituelle. Puis ils se dirigent vers leur l'église paroissiale de Saint-Pierre-du-Queyroix, afin de rendre hommage au Prince des apôtres qui envoya à Limoges le bienheureux Martial ; après quoi ils reviennent à leur bien-aimé sanctuaire, portant toujours triomphalement la châsse de leur saint patron.

Or, en l'an 1880, sous l'ère de la troisième République, il s'est trouvé un maire de Limoges plus docile aux injonctions maçonniques que soucieux de maintenir les traditions locales, pour empêcher, par un arrêté illégal, mal fondé, injurieux à la population *véritable-ment limousine*, l'expression toute pacifique de la foi de nos fidèles Bouchers, et suspendre, comme aux plus sinistres jours de la Terreur, cette traditionnelle et séculaire procession en l'honneur de saint Aurélien.

Quoiqu'il appartienne à l'une des plus honorables et des plus anciennes familles de la bourgeoisie de Limoges, le nom de ce maire, qui a signé l'arrêté, sera désormais tristement célèbre dans l'histoire du pays, et excitera, aussi bien que le nom de son acolyte, une juste et légitime réprobation dans le cœur de tous les gens qui savent ce que signifient ces deux mots : honneur et liberté.

Dès que ce déplorable arrêté fut connu, dès qu'il fut placardé sur les murs de la ville, toute la population en fut profondément émue et attristée. Mais cette émotion et cette tristesse se manifestèrent bien plus vivement dans le quartier de la Boucherie. Partout, mais surtout dans ce quartier, il n'y eut qu'une voix pour protester énergiquement contre cet acte *attentatoire à la liberté de conscience et aux plus anciennes traditions de notre vieille cité.*

Les plus âgés parmi les membres de la confrérie de Saint-Aurélien s'écriaient : « Quoi ! nos pères ont porté processionnellement notre bon saint Aurélien même en 1793, et nous ne le porterions pas en 1880 !... Ça se saura bien !... *Quo sé saubro bé !...* (sic) ».

Est-il besoin de dire que les femmes et les jeunes filles de la Boucherie étaient aussi surexcitées que leurs vieux pères, leurs maris et leurs jeunes frères ?

Ne voulant tenir aucun compte de cet arrêté que tout le monde qualifiait d'illégal, messieurs les Bouchers se livrèrent à leurs occupations ordinaires et suivirent selon leur habitude toutes les foires du voisinage.

Peu de jours après la publication de cet acte vexatoire et intéressé, M. le Maire, en tournée électorale, se trouva en face de quelques-uns de nos fidèles Bouchers sur le champ de foire de la petite ville d'Aixe-sur-Vienne. Aussitôt il en aborde un, et pour faire de la popularité, il lui tend la main.

« Pardon, Monsieur le Maire, » lui dit le brave membre de la Confrérie de Saint-Aurélien, « avant, je veux savoir si c'est bien vrai que vous voulez nous empêcher de faire notre procession dimanche prochain et de promener notre bon Saint. »

Étonné de cette fière attitude, le chef de la municipalité limousine dit en balbutiant :

« Mon cher ami, ah ! mon cher ami, il a bien fallu que je prisse cet arrêté contre les processions ; si je ne l'avais pas pris, il m'eût été impossible de rester maire de Limoges. » Toujours les mêmes, messieurs les républicains ; toujours le même refrain à la bouche ; se *soumettre* ou se *démettre*. C'est ce qu'ils nomment la liberté.

Peu après, il en rencontre un second et lui tend encore sa délicate main. Cet autre boucher lui adresse sans sourciller la même question que son confrère. « Mais, mon ami, mon cher ami, vous ne savez donc pas que Limoges est une grande ville ? Ne faut-il pas que Limoges fasse comme Paris, Marseille et Bordeaux ?... Voudriez-vous que notre ville passe aux yeux de toute la France pour un petit village ?... Vous n'y pensez vraiment pas... »

Bientôt il se trouve vis-à-vis d'un troisième boucher et des plus influents, qui, pour changer, lui dit : « Est-ce que par hasard, Monsieur le Maire, vous voudriez nous empêcher de faire notre procession dimanche qui vient ; vous nous aviez toujours promis de nous laisser faire la nôtre, et juste par votre arrêté, c'est nous que vous touchez les premiers; vrai, Monsieur le Maire, ça n'est pas loyal. »

A cette nouvelle et verte interpellation, le candidat radical répond sèchement : « Mon cher ami, les cléricaux n'ont pas voulu s'arranger de notre République, la République leur livre bataille ; il faut leur faire la guerre..... il faut la leur faire. »

A toutes ces réponses plus ou moins lumineuses de Monsieur le Maire, les trois braves confrères de Saint-Aurélien, sans s'être entendus, donnèrent cette réponse identique :

« Ah ! Monsieur le Maire, nous en sommes bien fâchés, mais tant pis, nous la ferons quand même notre procession : nous l'avons faite avant vous ; nous la ferons bien après vous... »

A Limoges, l'agitation prenait de la consistance, surtout dans la rue de la Boucherie. C'est alors que messieurs les Bouchers délibérèrent pour savoir quelle conduite ils devaient tenir. A l'unanimité il fut décidé que la procession aurait lieu comme les années précédentes, et qu'une pétition serait adressée à Monsieur le Maire pour protester contre l'arrêté du 7 mai.

Voici le texte de cette pétition que nous sommes heureux de reproduire après toute la Presse française :

Monsieur le Maire,

« Les soussignés, marchands bouchers à Limoges, laissent à de plus habiles qu'eux le soin de discuter l'arrêté, signé de vous, qui interdit les processions dans notre ville. Ils ne peuvent pas croire que cet arrêté s'applique à leur Corporation. Ils affirment que nul ne viendra troubler d'honnêtes gens dans le culte traditionnel des reliques de leurs saints, mémorial sacré, gardé par le peuple à travers les siècles. Qui donc se plaindrait de voir passer la reconnaissance immortelle ? En conséquence ils seront heureux d'apprendre que toute liberté sera laissée dimanche prochain, 16 mai, à la procession, dite de Saint-Aurélien. »

(*Suivent de nombreuses signatures.*)

La réponse à cette énergique pétition se fit attendre. Inquiets, quelques-uns d'entre eux consultèrent des personnes autorisées sur ce qui pourrait bien leur arriver s'ils passaient outre et faisaient leur procession. Il leur fut répondu que tout au plus ils seraient passibles de quelque légère amende, car l'arrêté était illégal de tout point.

Cependant les Syndics reçurent avis, le samedi 15 mai, de se rendre à cinq heures du soir auprès de Monsieur le Maire.

Trois d'entre eux, exacts au rendez-vous, se trouvèrent à la Mairie à l'heure dite, et demandèrent Monsieur le Maire. On répondit qu'il était absent ([1]), mais que le premier adjoint était disposé à les recevoir.

Ces messieurs furent introduits dans le cabinet de M. l'adjoint. Ce fonctionnaire, usant de cette éloquence si connue et si appréciée de tous, veut persuader aux braves et dignes représentants de la Corporation de MM. les Bouchers, que l'arrêté a été pris bien à contrecœur par M. le Maire ; qu'il y a été littéralement contraint et forcé par le Conseil municipal ; que c'est avec le plus vif regret qu'il a dû lui-même en contresigner une copie conforme.

Avec sa voix douce et mielleuse, il essaya de faire comprendre aux Bouchers qu'ils devaient se soumettre franchement à l'arrêté et renoncer *au moins pour cette année* à leur procession d'usage. Comme il s'aperçut bien vite qu'il en était pour ses frais d'éloquence, il en vint à l'intimidation. — « Prenez garde, mes bons

---

1. Ces messieurs venaient de le voir entrer dans l'hôtel-de-ville provisoire.

amis, prenez garde, vous savez tout notre attachement pour vous ; si M. le Maire vous a invités à venir ici ce soir, c'est dans votre intérêt, c'est pour vous faire entendre raison ; car s'il vous arrivait de sortir de votre chapelle malgré la défense faite, vous seriez tous mis à l'amende. »

Tous mettant la main à la poche :

« A l'amende?» dirent-ils, « si ce n'est que de l'argent, monsieur, en voilà, et on en trouvera d'autre, s'il faut. »

L'adjoint, interdit, reprend cependant : « Mes amis, mes bons amis, prenez garde, prenez garde ; de grâce, prenez garde ; il y aura du trouble, du désordre, une émeute peut-être.

— Bah ! nous le verrons bien, il n'y a jamais eu de bruit à nos processions ; on sait bien qu'il ne fait pas bon à venir nous tourmenter quand il s'agit de nos saints.

— Mais, mes amis, encore une fois, prenez garde, c'est que la prison est au bout.

— Oh ! oh ! monsieur, la prison... ça n'est pas pour nous... nous ne connaissons pas ça. »

Le bras droit de M. le Maire avait usé toutes ses ficelles.

Fort heureusement la porte s'entr'ouvre et l'huissier annonce madame***, la femme d'un des plus hauts fonctionnaires de la ville. L'adjoint s'incline jusqu'à terre, et prie messieurs les Bouchers de l'attendre quelques instants dans son antichambre. Ces instants se prolongèrent plus d'une demi-heure ; enfin la porte du cabinet s'ouvre, et l'adjoint accompagne cette dame en lui répétant avec un air contrit et piteux : « Madame, je suis désolé, on ne peut plus désolé ; mais il faut que la loi suive son cours ; et, s'étant très humblement incliné, il la salue une dernière fois. »

« Messieurs, messieurs, » dit l'adjoint en se retournant vers messieurs les Bouchers, « vous l'avez vue, cette dame, vous l'avez reconnue, c'est madame la*** ; je l'estime, je l'honore, je la respecte, je donnerais ma démission pour lui être agréable, eh bien! j'ai été contraint de lui refuser ce qu'elle me demandait. Un chien, un ravissant petit chien, a, paraît-il, mordu quelqu'un qui l'avait agacé ; de par un arrêté de M. le Maire, ce cher petit animal doit être abattu, et malgré les instances de madame***, il le sera : il le sera, c'est la loi, c'est la loi. Par conséquent, puisque c'est la loi, vous aussi vous n'aurez pas de procession demain. »

Comme les Syndics faisaient mine de ne pas goûter cet argument et ne paraissaient nullement convaincus, M. l'adjoint leur dit, et cette fois avec autorité et solennité : « Messieurs, n'insistez pas, n'insistez pas. Du reste il vous sera impossible de faire votre procession, attendu *que vous ne trouverez pas un prêtre à Limoges qui voudra vous accompagner et vous présider.* »

Cette dernière parole, il faut bien le dire, impressionna d'une manière fâcheuse messieurs les Syndics, qui sortirent de la mairie un peu déconcertés, presque vaincus.

Toutefois ils se ravisèrent bien vite et voulurent sans retard savoir ce que valait la dernière parole du fonctionnaire municipal. Ils trouvèrent M. l'abbé Bouillaud, vicaire à Saint-Pierre-du-Queyroix, qui devait être le lendemain de service à Saint-Aurélien : « On nous a dit que nous ne trouverions pas à Limoges un prêtre pour nous accompagner et présider notre procession de Saint-Aurélien. »

— MM. les Syndics, » leur répondit le vicaire de St-Pierre, d'une voix calme, mais ferme, « on a eu tort de vous dire que vous ne trouveriez pas un prêtre pour présider votre procession ; celui qui a infligé cette injure gratuite au clergé de Limoges, ignore ce que c'est qu'un prêtre catholique et un prêtre français. Je suis demain de service à Saint-Aurélien, je saurai faire mon devoir, tout mon devoir, comptez sur moi. »

Ces paroles vraiment sacerdotales et vraiment françaises réconfortèrent nos braves et dignes Syndics qui, rentrèrent chez eux comptant bien porter le lendemain triomphalement la châsse du bon saint Aurélien.

A peine revenus dans leurs familles, ils apprirent que l'un des chefs de la Corporation venait de recevoir la lettre suivante :

MAIRIE
　　　　DE　　　　　　　　　*Limoges, le 15 mai 1880.*
LIMOGES.

　　　　Messieurs,

Par une pétition en date du 13 mai courant, vous m'avez demandé l'autorisation de faire le dimanche 16 de ce mois la procession annuelle dite de Saint-Aurélien.

J'ai le regret de ne pouvoir accueillir cette demande.

L'arrêté du 7 mai interdit absolument les processions sur le territoire de la commune, et il ne peut être fait une exception en votre faveur.

Je vous prie de communiquer ma lettre aux autres signataires de la pétition sus rappelée.

Veuillez agréer, Messieurs, l'assurance de ma considération distinguée.

LE MAIRE,

E. VOISIN, adjoint.

A Messieurs MALINVAUD dit Boutou, MALINVAUD dit Chagrin, BARTHÉLEMY POURET, GUILLAUME MALINVAUD, marchands-bouchers à Limoges.

Pour répondre au désir du Maire, la lettre fut communiquée à tous les signataires, qui, loin de se tenir pour battus, décidèrent à l'unanimité que la procession aurait lieu quand même, parce que l'arrêté n'étant pas visé par M. le Préfet, ne pouvait avoir force de loi que trente jours après sa publication. Ils prièrent donc monsieur le vicaire de Saint-Pierre d'en informer, selon l'usage, l'administration municipale. Ce qui fut fait à peu près en ces termes :

Limoges, 15 mai 1880.

Monsieur le Maire,

Les Syndics de la confrérie de Saint-Aurélien, après avoir pris connaissance de votre lettre datée de ce jour, *voulant maintenir leurs droits*, ont décidé à l'unanimité que demain dimanche, 16 mai, ils feraient leur procession habituelle et suivraient le parcours ordinaire.

En conséquence, chargé du service de la chapelle de Saint-Aurélien pour la semaine prochaine, j'ai l'honneur de vous informer de cette décision.

Agréez, Monsieur le Maire, l'assurance de ma considération distinguée.

P. V. BOUILLAUD,

prêtre, vicaire chargé du service à Saint-Aurélien.

Ainsi se termina la journée du samedi, veille de la mémorable journée du 16 mai 1880.

Le lendemain, le soleil voulut être de la fête, il se leva radieux pour éclairer cette journée à jamais glorieuse pour messieurs les Bouchers de Limoges.

Dès l'aurore le drapeau aux couleurs traditionnelles fut arboré à la place d'honneur.

La petite chapelle se remplit aussitôt d'une foule avide d'assister à la première messe et à l'exposition de la châsse du bien-aimé Protecteur du quartier de la Boucherie.

A huit heures, la messe solennelle attira encore de très nombreux fidèles. Les membres de la Confrérie étaient présents. Des quelques paroles prononcées après l'Évangile, nous n'avons retenu que ces deux pensées : « Si deux ou trois de vos anciens, disparus depuis peu, » s'écria le vicaire d'une voix vibrante, « se trouvaient encore à leur place, la question de la procession aurait été depuis longtemps tranchée. Dans tous les cas, le clergé connaît son devoir, et ne manquera jamais aux fidèles, si les fidèles ne lui manquent pas. Sachez-le bien, si saint Aurélien ne reçoit pas aujourd'hui le culte et les honneurs ordinaires, celui qui vous parle déclare hautement que ce ne sera pas sa faute. » Ces paroles produisirent une émotion des plus vives qui se traduisit par des larmes et des sanglots. Messieurs les Bouchers comprirent une fois de plus que la parole de l'adjoint : « Vous ne trouverez pas un prêtre pour présider votre procession, » n'était qu'un moyen d'intimidation, qu'un véritable chantage ou la dernière ressource d'une éloquence en détresse.

Après la messe, la plus grande joie règne dans toutes les familles des Bouchers : « A la bonne heure, » répète-t-on de toute part, « notre procession aura lieu ; nous avons trouvé un abbé qui, lui, au moins, n'a pas peur. »

La châsse se couvre de fleurs ; on dispose les cierges aux dimensions monumentales ; on s'occupe des derniers préparatifs.

Pendant ce temps-là, on s'exerçait ailleurs à d'autres genres d'intimidation.

Vers neuf heures du matin, le vicaire de service à Saint-Aurélien recevait chez lui la visite fort courtoise d'un étranger se disant catholique sincère et de vieille souche, ayant partout et toujours servi les intérêts de la religion. Ce monsieur, très bien mis, avait appris, la veille au soir, à table d'hôte, les préoccupations causées par l'attitude si déterminée des Bouchers ; il aurait entendu parler du mauvais parti que l'on se préparait à faire au prêtre qui présiderait la procession ;... il serait question d'une émeute, d'un coup de main, d'une profanation de la châsse... il ne connaissait pas, prétendait-il, le vicaire en question, mais il priait son interlocuteur de faire part au prêtre intéressé de ces observations dictées par le plus pur attachement à la religion. Il fut répondu très courtoisement à cet étranger, si au courant des choses de la ville : « Merci, Monsieur, de vos sentiments si dévoués ; je dois vous dire simplement que le clergé connaît son devoir et qu'il saura le remplir, quoi qu'il arrive. »

A la sortie de la grand'messe paroissiale de Saint-Pierre, quelques amis avertissent M. l'abbé Bouillaud que la police est chez lui, et qu'à sa porte il y a un attroupement. M. l'abbé, en effet, trouve cette fois de vrais agents de police qui lui demandent, en termes du reste très convenables, si réellement il est dans l'intention de faire la procession, et s'il persiste dans la détermination dont il a donné avis à M. le Maire. « Si Messieurs les Bouchers sortent de leur chapelle pour faire leur procession, je les accompagnerai, quoi qu'il arrive. »

Cette réponse courte et franche fut suivie d'une invitation à M. l'abbé, de la part des agents, de passer au cabinet de M. le commissaire central. Cette invitation respectueusement faite fut respectueusement déclinée, l'heure de la procession approchant.

Il y avait à ce moment dans les quartiers avoisinant la Boucherie plus de quatre mille personnes : la circulation était devenue impossible, et cela depuis dix heures du matin. On se demande comment la police a laissé ainsi envahir les abords de la Chapelle de Saint-Aurélien.

Il ne fallait pas un œil bien perspicace pour s'apercevoir de suite que toute cette foule n'était pas animée des mêmes sentiments.

On voyait manifestement qu'un double courant, complètement opposé, agitait cette masse.

Ils étaient là, sans doute, tous ces braves et honnêtes citoyens qui avaient quelques liens de parenté ou d'amitié avec nos fidèles et vaillants Bouchers ; ils étaient venus soutenir, de leur présence et de leur sympathie, leurs parents et leurs amis dans la défense de leurs droits indignement méconnus, et au besoin ils étaient là pour leur prêter main-forte.

Car, il faut bien le dire, ils étaient en face d'une certaine population qui ne se montre que dans les mauvais jours. J'ai vu la foule hideuse qui parcourait la ville de Limoges dans la soirée du 4 avril 1871 (1), il m'a semblé la retrouver le 16 mai 1880 aux portes de la chapelle de Saint-Aurélien.

Oui, il y avait là tout ce que la ville renferme de gens tarés et sans aveu ; oui, il était là tout le personnel accoutumé des enfouissements civils ; elles étaient là toutes ces brutes à face humaine, qui tiennent à honneur de se faire mettre en terre à la façon des animaux. Nous avons reconnu quelques-uns de leurs chefs ; entre autres un ex-pensionnaire du ministère de l'intérieur, l'opprobre de sa famille, et surtout ce grotesque fantoche, grand pontife du solidarisme, qui a toujours le même boniment à rabâcher sur le cadavre des soi-disant libres-penseurs. Oui, soi-disant libres-penseurs. Car, en vérité, peut-on appeler *libres*, ces malheureux qui, dans un moment de forfanterie ou de délire, enchaînent leur liberté par des serments exécrables sur lesquels il ne leur est pas permis de revenir ; peut-on appeler *penseurs*, ces êtres stupides qui n'ont d'autre

---

1. C'est ce jour-là que tomba sous des balles fratricides le brave colonel BILLET, l'un des héros de Reischoffen.

ambition que de ressembler à un chien, à un singe, à un animal privé de raison?

Dans une admirable lettre au maire de Limoges, Monseigneur l'évêque demande : Quels sont les signataires des pétitions contre les processions ? Quel est leur nombre?

Nous pourrions lui faire connaître et la quantité et la qualité de ces signataires ; car ils étaient là ces gens à la mine cynique et flétrie par la débauche, ces gens qui troquent et vendent leurs signatures, comme leurs bulletins de vote, contre un litre de gros-bleu ou un verre de trois-six.

Ils étaient là, attendant peut-être le moment de faire un mauvais coup, de faire sauter la *commode :* c'est ainsi que cette meute sacrilège appelait la belle châsse que se font un honneur de porter les Bouchers, honneur qu'ils achètent à beaux deniers au bénéfice de leur confrérie.

Je le répète, je ne comprends pas que la police, qui connaît certainement le personnel de l'émeute, n'ait pas fait évacuer ces quartiers et n'y ait pas rétabli la circulation. Je ne me ferai pas l'écho de certains bruits qui ont circulé. J'honore trop la police de mon pays, même sous la République, pour croire qu'elle veuille jamais se servir d'aussi ignobles instruments, afin d'intimider la vaillante Corporation des Bouchers qui, nul ne l'ignore, n'en est pas à faire ses preuves en fait de courage.

Chose bien digne de remarque,cette tourbe qui s'était installée, depuis dix heures du matin, aux abords de la Chapelle et dans la rue de la Boucherie, a montré ou une résignation vraiment héroïque, ou une lâcheté vraiment insigne.

Les habitants du quartier, qui se connaissent en honnêteté, ne s'étaient pas mépris sur la valeur morale

Jean-Baptiste Laroudie. 11

de cette gent. Aussi, qui dira les outrages, les quolibets, les railleries mordantes, les affronts sanglants dont elle a été abreuvée ? On connaît les ressources inouïes de notre patois limousin pour cette sorte de combat. On sait de plus que le Boucher de Limoges et sa digne compagne n'ont ni leur langue ni leurs mains dans leur poche, pour peu qu'on leur cherche chicane.

Eh bien ! cette populace, ordinairement braillarde, n'a rien dit, n'a pas soufflé mot ; elle est restée impassible, deux heures durant, sous cette grêle d'épigrammes, sous cette averse de quolibets.

Est-ce vertu ? Est-ce autre chose ? Je ne saurais le dire.

Cependant midi venait de sonner, et toutes les cloches de la ville, à cause de la solennité de la Pentecôte, faisaient entendre leurs solennelles volées. M. l'abbé Bouillaud se rend tout tranquillement à son poste, qui, ce jour-là, allait être un poste d'honneur. Arrivé à la place des Bancs, il s'aperçut de l'immense foule qui encombrait ces quartiers ; il traversa très difficilement la rue Lansecot ; au bout de la rue de la Boucherie, voyant la foule si compacte, il crut un moment qu'il n'arriverait pas jusqu'à la Chapelle, il n'avançait que très lentement. Aussi eut-il le temps de comprendre, par les réflexions qui s'entrecroisaient, qu'il était ardemment attendu. « Ah ! disait une de ces vaillantes mères de famille, dont ce quartier privilégié fournit encore de nombreux types, ah ! le voilà, ce bon M. Bouillaud ! à la bonne heure, il n'a pas peur... il accompagnera notre saint Aurélien... Tiens, les vois-tu ces *bourineurs* qui salissent notre rue depuis ce matin, ils ne disent rien... pour le coup, ils ont raison, car s'ils avaient le malheur... » M. l'abbé, par suite de l'encombrement, put entendre et les éloges à son adresse, et les épigrammes peu flatteuses à l'adresse de cette populace. Enfin, il arrive à la porte de la Chapelle ; il y eut alors dans la foule comme une sourde exclamation. Bientôt il est au pied de l'autel et s'agenouille pour faire son adoration, quand on vient l'avertir que MM. les commissaires central et de police l'attendent à la sacristie ; il s'y rend immédiatement. A peine entré, un monsieur s'avance vers lui et lui dit : — « M. l'abbé, je suis le commissaire central.

— Très bien, monsieur, je n'avais pas l'avantage de vous connaître.

— Monsieur l'abbé, vous n'êtes pas sans avoir connaissance de l'arrêté du 7 mai pris par Monsieur le Maire de Limoges ?

— Monsieur le commissaire central, je connais parfaitement cet arrêté, mais je sais aussi parfaitement qu'il est illégal, et qu'il ne peut avoir force de loi ; et qu'après tout, ce n'est qu'une *bombe électorale*.

— Mais, Monsieur l'abbé, votre caractère sacerdotal devrait vous...

— Monsieur, mon caractère sacerdotal me dit de faire mon devoir, je veux le faire, et je le ferai en accompagnant Messieurs les Bouchers dans leur procession traditionnelle. Je connais le sentiment de mon pays ; mon pays aime les processions, et il veut conserver le droit et la liberté de faire ses processions.

— Mais, si une émeute éclate ?

— Ce ne sera pas ma faute ; si la police avait fait son devoir, elle aurait fait circuler tous ces groupes qui stationnent depuis ce matin dans la rue de la Boucherie.

— Prenez garde, s'écrie le commissaire, prenez garde, Monsieur l'abbé.

— Certes, je respecte les lois de mon pays, les lois, entendez-vous, et non pas les arrêtés purement arbitraires et vexatoires. Je suis prêtre, prêtre catholique, prêtre français, je connais mon devoir, et avec l'aide de Dieu je le ferai, je le ferai jusqu'au bout, quoi qu'il puisse m'arriver ; si ces Messieurs font leur procession, je les accompagnerai, je les présiderai. On a eu l'audace de dire qu'ils ne trouveraient pas un prêtre à Limoges pour présider leur procession ; on en trouverait cent à Limoges, on en trouverait cinquante mille en France. »

Alors, on entendit Messieurs les Bouchers qui écoutaient avec intérêt ce dialogue un peu animé, se dire entre eux : « Ah ! ah ! C'est celui-là qui sait leur parler et leur tenir tête... Il n'a pas peur, lui. »

Monsieur le commissaire central insista de nouveau :

« Monsieur l'abbé, si vous faites la procession, vous assumez une terrible responsabilité.

— Monsieur le commissaire, je n'assume aucune responsabilité, je la laisse tout entière à ceux qui suscitent par des arrêtés illégaux ces émotions populaires, à ceux qui blessent les sentiments les plus respectables et les plus enracinés dans le cœur des populations, à ceux qui portent une main sacrilège sur des traditions séculaires. Après tout, une condamnation dans de pareilles circonstances serait l'honneur de toute ma vie sacerdotale, et je la désire. Du reste, Monsieur le commissaire, laissez-moi avec ces Messieurs. Connaissant parfaitement nos droits, nous connaissons aussi nos devoirs. » Et se tournant vers les Confrères de Saint-Aurélien : « Messieurs les Bouchers, nous allons faire une procession qui passera par dessus tous les arrêtés.»

— Quelle procession voulez-vous faire ?... » demande le commissaire.

— J'ai l'honneur de vous saluer, Monsieur le commissaire, » répondit M. l'abbé..... « Messieurs les Bouchers, » ajoute-t-il, « rentrez dans la Chapelle, j'ai un mot à vous dire. »

M. Bouillard monte en chaire, il était, on le comprend, en proie à une vive émotion, émotion que partageait tout son auditoire. Quelques paroles énergiques tombèrent de ses lèvres pour qualifier la violence faite à une population qui a donné toujours l'exemple de l'obéissance aux lois de son pays, et qui peut être présentée comme le modèle de la cité par son bon esprit, pour ses mœurs paisibles et irréprochables. « Aujourd'hui, » s'écrie-t-il, « dans ce siècle où l'on parle tant de liberté, il nous sera bientôt impossible de prier Dieu en plein jour, d'honorer nos saints à la pleine lumière du soleil. Triste époque où le vice et le scandale auraient seuls le droit de s'étaler dans nos rues et sur nos places publiques. Messieurs les Bouchers, protestez contre les entraves qui sont mises à vos droits les plus légitimes, et jurez tous sur la châsse de votre saint Protecteur de rester fidèles à toutes vos glorieuses traditions. Les hommes passent, Messieurs : vos traditions sont déjà séculaires... Pour moi, je suis prêt à vous suivre, à vous suivre partout. Oui, Messieurs, nous ferons notre procession, mais une procession qui ne tombera pas sous le coup des arrêtés municipaux. Nous n'exposerons pas aux insultes d'une vile populace les Reliques vénérées de notre auguste Protecteur. Elles resteront dans son sanctuaire, et nous irons, nous, selon l'usage de vos pères, prier au tombeau de Saint-Martial et visiter votre antique église paroissiale de Saint-Pierre.»

Il nous serait impossible de rendre l'effet que produisirent ces quelques paroles dont nous ne donnons qu'un résumé pâle et incolore, mais dont nous affirmons l'exactitude quant au sens. Les braves Confrères de Saint-Aurélien levaient les bras au ciel, ils montraient le poing, les femmes éclataient en sanglots. Un intrus quelconque qui se trouvait dans le sanctuaire, mêlé à la foule en larmes, se permit une réflexion, il reçut immédiatement, et de la main d'une femme, la juste récompense de son méfait.

Les portes se rouvrirent alors, mais il parut impossible de fendre la foule ; il fut décidé qu'on sortirait par la porte de la sacristie. C'était là que se tenait la police anxieuse et attristée de se trouver employée à une pareille besogne.

M. l'abbé appelle messieurs les Bouchers, il les fait mettre quatre par quatre, six par six, et tous, leurs bouquets à la main, marchèrent comme une phalange invincible. L'admiration pour leur noble et fière attitude, se manifestait sur tous les visages.

Non, messieurs les Bouchers n'ont pas cédé à l'intimidation ; non, ils n'ont pas cédé aux injonctions de la police qui n'avait pour appuyer son mandat qu'un arrêté nul et sans valeur ; non, ils n'ont pas cédé aux menaces de la populace, car si cette populace eût fait un mouvement, elle se serait bien vite repentie de sa criminelle audace.

S'ils ont cédé, ce n'est que grâce aux supplications du clergé, d'un prêtre, et pour le plus grand honneur de leur saint.

Qui pourrait dignement raconter la marche triomphale de ce bataillon d'honneur ? Ils sortent de leur Chapelle suivis de leurs jeunes enfants, ils montent la rue de la Boucherie à travers une foule devenue tout à coup silencieuse. Une voix seule se fit entendre, elle cria : Vive la République ! Ce cri n'eut pour réponse qu'un dédaigneux silence. Je me trompe, un boucher lui répondit dans son patois : *Elle est propre ta République. L'ey propo to Républico.* A quelques pas de là, un *voyou* dit à demi-voix : « Tiens, saint Aurélien est resté dans sa prison, il n'est pas sorti… — Gredin, » lui répond un autre boucher, « si tous ceux qui méritent la prison y étaient, tu ne serais pas sur mon passage. » On traverse cette tourbe hideuse dont nous avons parlé ; pas un mot inconvenant, pas un signe de contradiction. Tous les honnêtes gens s'étaient réunis au cortège des

Bouchers. On arrive à Saint-Michel, l'église était comble, la dernière messe s'achevait. Par une coïncidence toute providentielle, cette messe était célébrée en l'honneur de saint Honoré, patron de la corporation de messieurs les Boulangers qui, eux aussi, tiennent à leurs traditions religieuses.

L'entrée des Bouchers dans l'église Saint-Michel fut un vrai triomphe ; les cloches saluèrent leur arrivée, et, malgré la sainteté du lieu, des bravos et des applaudissements éclatèrent avec ce cri : « Voici les bouchers ! Voici les bouchers ! » Les fidèles confrères de Saint-Aurélien se rendirent vers la Chapelle de Saint-Martial où les attendaient quelques membres de la Grande Confrérie dite des *Saints-Marceaux.* Là, suivant l'usage, on chanta l'antienne du saint Apôtre et celle de son disciple saint Aurélien. Ces prières terminées, ils entonnèrent, sur un air désormais national, un cantique dont nous nous plaisons à donner ici le refrain et quelques strophes :

> Oui, toujours nous serons fidèles
> A la foi des vieux jours, l'honneur de nos aïeux ;
> Nous voulons imiter ces Chrétiens, nos modèles,
> Pour chanter tous en chœur dans les cieux.

> Aurélien, ô tendre père,
> Sois toujours notre protecteur,
> Entends du Ciel notre prière,
> Pour la transmettre au Dieu Sauveur.

> Aux mauvais jours de la Patrie
> Nous saurons, comme autrefois,
> Même au péril de notre vie
> Défendre et garder notre Croix.

Les chants cessèrent sur un signe de M. l'abbé Bouillaud, qui pria MM. les Bouchers de se rendre dans le même ordre et la même attitude à leur église paroissiale, en suivant les rues du Clocher, des Taules et Fourie. En face de la foule qui témoignait ouvertement son admiration, M. l'abbé s'adressant à MM. les Bouchers, s'écria d'une voix forte : « Vous le voyez, Messieurs, tout le monde est avec nous. »

C'est alors que la manifestation prit un caractère vraiment grandiose. Ce n'était plus seulement la corporation de Saint-Aurélien qui allait à Saint-Pierre-du-Queyroix accomplir son pèlerinage annuel, mais une foule immense et sympathique qui se mit à suivre le parcours indiqué. Vraiment il semblait que toute la ville voulût faire escorte à cette courageuse Confrérie. Dès lors on n'apercevait plus un seul agent de police, il paraît que certaines dames avaient pris leur place.

Les femmes et les jeunes filles du quartier de la Boucherie descendirent en toute hâte à la paroisse ; dès leur arrivée elles chantèrent de nouveau leur cantique :

Oui, toujours nous serons fidèles, etc.

Cette fois, pendant que la foule pénétrait dans l'église à flots pressés, hommes et femmes, jeunes et vieux, mêlèrent leurs voix et chantèrent avec un entrain indescriptible ce refrain populaire.

M. Delor, curé de Saint-Pierre, accueillit ses fidèles et vaillants Bouchers avec tout l'honneur qui leur était dû. Lorsque le cantique fut achevé, il monta en chaire. A la vue de cette multitude, il se livra à une de ces improvisations dont lui seul a le secret, et il complimenta avec un rare bonheur messieurs les Bouchers de leur fidélité à honorer toujours et quand même les véritables et seuls grands hommes, les saints.

Après les chants liturgiques en l'honneur de saint Pierre et de saint Aurélien, le cantique de la Corporation fut redit avec enthousiasme. Enfin M. l'abbé

Bouillaud engagea messieurs les Confrères à regagner leur Chapelle en prenant les rues Raffilhoux, Andeix et Montant-Manigne et la place des Bancs.

A leur sortie, le cortège devint encore plus nombreux. Tous les membres de la Confrérie du Saint-Sacrement, de Saint-Pierre, c'est-à-dire tout ce que cette riche paroisse possède de bourgeoisie et d'hommes notables, voulurent accompagner MM. les Bouchers jusqu'à leur sanctuaire, pour leur donner le témoignage de toutes leurs sympathies et pour rendre leurs hommages de vénération à saint Aurélien.

Les Vêpres solennelles furent chantées peu après la rentrée des Confrères dans leur Chapelle : elles furent suivies du salut du Très-Saint-Sacrement.

Mais la solennité de ce grand jour ne devait pas se terminer comme les années ordinaires. Sur la demande de tous les habitants du quartier, la châsse resta exposée toute la journée ; un concours sans cesse renouvelé de pieux fidèles vint lui faire une garde d'honneur.

A la tombée de la nuit, la Chapelle splendidement illuminée se remplit de nouveau. Les jeunes filles qui forment un chœur de chant se réunirent à la tribune et firent entendre leur populaire cantique. Elles aimaient à redire ce couplet :

> Aux mauvais jours de la Patrie
> Nous saurons, comme autrefois,
> Même au péril de notre vie,
> Défendre et garder notre Croix.

Et tous les confrères, groupés dans le sanctuaire, répondaient avec enthousiasme :

> Oui, toujours nous serons fidèles, etc.

Vers huit heures, monsieur le curé de Saint-Pierre,

entouré de ses vicaires, voulut, en leur accordant une faveur extraordinaire et inusitée, récompenser la noble conduite de messieurs les Bouchers qui s'étaient montrés magnanimes au milieu des vexations qu'on leur avait suscitées à plaisir. Il sortit de la châsse le buste d'argent qui contient le précieux chef du grand saint Aurélien. Après les chants liturgiques et les invocations d'usage, monsieur Delor bénit une première fois, avec la sainte relique, les pieux fidèles réunis dans la chapelle. Pour satisfaire la piété de la foule qui n'avait pas pu pénétrer dans le sanctuaire, monsieur le curé, escorté par messieurs les syndics, tenant leurs cierges et leurs panonceaux à la main, se rendit sur la place et donna une seconde bénédiction.

Ainsi, saint Aurélien que l'on avait empêché de sortir en plein jour de sa Chapelle, sortit le soir de son glorieux tombeau pour bénir cette valeureuse population qui, en cette journée, s'était montrée plus que jamais fidèle à toutes ses vieilles traditions de foi et d'honneur.

A ce moment toutes les maisons étaient brillamment illuminées ; tout le quartier était en fête, on entendait de toute part des détonations de pièces d'artifices, et cette fête extérieure se prolongea bien avant dans la nuit.

Certes, cette mémorable journée, si pleine de péripéties, laissera un souvenir non seulement dans le cœur des héros de cette protestation, de messieurs les Bouchers, et dans le cœur des véritables Limousins, mais encore dans les annales de la ville de Limoges et de la Confrérie de Saint-Aurélien.

C'est pour contribuer à perpétuer ce souvenir que j'ai recueilli, avec un soin jaloux, toutes les circonstances les plus minutieuses de cette journée et que je les livre, aujourd'hui, au public. »

Cette brochure eut trois éditions successives. En tête de la dernière, Laroudie avait écrit en guise de préface :

« En publiant mes *notes* sur la journée du *16 mai 1880*, à l'occasion de la procession de MM. les Bouchers, je comptais bien trouver quelques contradicteurs : je n'ai encore rencontré qu'un blasphémateur vulgaire, et qu'un plat et prudent insulteur.

« Que notre bien-aimé Apôtre et Père saint Martial, et que notre angélique Vierge et Martyre sainte Valérie pardonnent les blasphèmes tombés de la plume d'un *anonyme* aussi ignorant que mécréant.

« Qu'ils dédaignent les outrages injustes, ceux que ce cuistre, non diplômé, poursuit de sa prose inepte, payée à tant la ligne.

« Que MM. les Bouchers de Limoges sachent bien qu'ils ne sont pas atteints par les venimeuses injures de ce valet de plume du *Libre-Pensage*, rongé lui-même par une vermine morale plus honteuse et plus dégoûtante qu'une tache de sang ou de boue.

« Quant aux attaques qui me sont personnelles, ne pouvant s'élever jusqu'à moi, je ne descendrai pas jusqu'à elles. Je les MÉPRISE absolument.

« Du reste, l'insulteur anonyme a été renié par les siens qui ont vu dans ce factum non pas une réfutation à notre brochure, mais un lâche pamphlet. Ainsi justice a été faite. C'est toute ma réponse.

« Félicitons toutefois le jeune *écrivassier* de sa prudence toute républicaine. En cachant son nom, il a caché sa figure aux gifles qu'il avait méritées.

« J.-B. LAROUDIE,
« Ouvrier. »

Cette préface de la troisième édition de la brochure de Laroudie, démontre mieux que tout ce que nous avons pu dire jusqu'ici, quelle était l'énergie du digne ouvrier lorsqu'il se trouvait en face des irréconciliables ennemis de la religion.

Au jour même de leurs méfaits, il s'était, on le voit, chargé de les fouailler, devançant ainsi la justice divine.

Pour s'être fait attendre, cette justice de Dieu ne s'en est pas moins admirablement manifestée.

Il y a dix ans à peine que les persécuteurs ont levé le masque et commencé leur œuvre satanique, et déjà, si l'on cherche ceux qui furent les plus puissants, on constate que les uns sont morts misérablement, et que les autres, tombés du pouvoir, sont détestés, impuissants, déconsidérés même par ceux qui jadis étaient leurs amis.

Les malheureux ouvriers, les fonctionnaires de second ordre qui ne refusèrent pas leur concours à ces détestables exécutions, n'ont pas eu un meilleur sort.

Dans beaucoup de villes comme à Limoges, par exemple, ils sont morts victimes de tristes accidents.

Le serrurier qui avait fracturé les portes des couvents, après le refus d'un de ses ouvriers de se livrer à pareille besogne, se laissa choir du haut d'un monument auquel il travaillait quelques années après et se tua sur le coup.

L'émotion causée par la suppression des processions durait encore, lorsqu'on procéda à l'exécution des décrets de mars.

Les expulsions effectuées sous l'administration préfectorale de M. Massicault, par un commissaire central nommé Michel, et un simple commissaire nommé Montenet, ce dernier mort depuis dans des sentiments très chrétiens, occasionnèrent dans la ville des troubles assez sérieux.

On avait payé — la preuve en a été faite — d'immondes drôles pour insulter les religeux et leurs amis, et dans la soirée du 5 novembre, non contents de s'être attaqués aux pauvres expulsés, ils menacèrent de simples particuliers et ne parlèrent rien moins que de mettre le feu à la maison de M. Maupetit, qui avait reçu les religieux Franciscains.

Ils s'étaient réunis devant la porte, menaçants, l'insulte à la bouche, poussant des cris de mort, lorsque l'énorme chien du propriétaire de l'immeuble mis en liberté au moment où la situation devenait tout à fait critique, débarrassa la place en quelques secondes.

La journée avait été rude.

Le matin, vers onze heures, on avait violé le domicile des Pères Franciscains à Louyat ; le soir à quatre heures, celui des Pères Oblats, près de l'Évêché.

Laroudie était chez les Pères Franciscains. Il assista à cette ignoble lutte qui dura trois ou quatre heures, et tint en respect, par son attitude menaçante, la horde de vauriens qui avait été commandée et payée, et que la police laissait hurler à gorge-que-veux-tu.

Les poings serrés, Laroudie faisait tête à la bande, et comme ont le savait décidé à taper dur, on s'en tenait à des cris, n'osant aller jusqu'à la bousculade.

Pendant ce temps, le R. Père gardien protestait, dans les termes suivants, contre la violence qui lui était faite :

« Je déclare que je suis citoyen français, prêtre catholique et supérieur de la maison ecclésiastique de Louyat; qu'en vertu d'un bail, enregistré, consenti par Mgr l'Évêque de Limoges à moi et à MM. Louis Siantz, César Carlier, Dominique Marquet et Maurice Rupert, j'ai établi avec eux légalement mon domicile dans cette maison : que moi et les prêtres sus-nommés nous avons été appelés par les Évêques de Limoges pour célébrer les cérémonies religieuses dans le cimetière et pour exercer les fonctions de prêtres auxiliaires dans le quartier et dans tout le diocèse ; que, pour remplir ces diverses fonctions, il est nécessaire que nous habitions ensemble dans cette maison, et que nous ayons le droit de vivre en commun, non seulement d'après la volonté de l'Évêque, d'après le droit ecclésiastique, mais encore d'après le droit public et civil ; que d'après toutes les constitutions qui régissent la France et d'après le Concordat qui proclame la liberté du culte, nous avons le droit d'exercer librement sous l'autorité de l'Évêque le ministère ecclésiastique, et de vivre comme nous l'entendons, selon nos règles et nos obligations de conscience : que l'ouverture d'une chapelle est la conséquence nécessaire des fonctions sacerdotales que nous sommes appelés à remplir ; que cette chapelle a été autorisée et bénite par l'un des prédécesseurs de Mgr Duquesnay, et qu'elle est nécessaire pour les besoins religieux d'un quartier éloigné de toutes les églises paroissiales de la ville.

« Je déclare donc m'opposer, tant en mon nom qu'en celui des prêtres sus-nommés :

1° A la violation de notre domicile.

2° A la violation de notre droit de vivre en commun comme prêtres et comme religieux ; et d'exercer le ministère que nous a confié l'Évêque ;

3° A la suppression de notre chapelle.

« Je proteste énergiquement contre tous les actes qui porteront atteinte à ces droits, et je me réserve d'en poursuivre les auteurs devant les tribunaux compétents.

« François VALADIER (en religion P. SIMON). »

« Et maintenant, messieurs, permettez-moi de vous parler comme prêtre, et de vous dire combien j'ai pitié de vos âmes.

« Vous allez mettre la main sur des prêtres, des religieux ; vous encourrez par cet acte les peines de l'Église : vous serez excommuniés.

« Vous avez été baptisés ; sans doute vous avez fait votre première communion ; vous avez de la famille ; songez sérieusement à ce que vous allez faire.

« De plus écoutez :

« Notre-Seigneur JÉSUS-CHRIST a dit à saint François, notre père et notre fondateur, que quiconque persécuterait son Ordre serait gravement puni du Seigneur, que ses jours seraient abrégés et sa fin mauvaise. »

L'émotion avait gagné jusqu'aux agents qui entouraient le commissaire ; on en vit se détourner pour essuyer une larme furtive.

A ce moment, le vicaire-général, M. de Bogenet, vint protester à son tour.

Retenu à l'Évêché jusqu'à midi par le conseil épiscopal, il n'avait pu assister au commencement de la déplorable exécution : après avoir été arrêté à une certaine distance du couvent par les agents de la police, il avait pu, au moyen d'une échelle, s'introduire dans le monastère et arriver jusqu'à la cellule où se trouvait le commissaire central. Là, en présence de M. Marévéry, secrétaire de Mgr l'Évêque, et de plusieurs hommes honorables, il dit au Commissaire central :

Monsieur le Commissaire,

Au nom de Mgr l'Évêque de Limoges, que je représente légalement en vertu de mon titre de vicaire-général, et que je représente en outre en vertu du mandat spécial qu'il m'a donné, je proteste contre la violation du domicile des Pères Franciscains, qui sont ses locataires par suite d'un bail sous seing privé du 15 septembre dernier, dûment enregistré, et contre la violation de cette propriété qui a été acquise au nom de l'évêché de Limoges.

Je proteste encore, au nom de l'Évêque de Limoges, contre l'expulsion des Pères Franciscains qui ont été appelés par les Evêques de Limoges, en vertu de leur juridiction ordinaire, pour remplir les fonctions d'aumôniers des dernières prières, présider les cérémonies funèbres qui s'accomplissent dans le cimetière de Louyat, et exercer dans tout le diocèse les fonctions de prêtres auxiliaires.

Je proteste contre cette expulsion illégale et arbitraire, parce que l'Évêque est le supérieur, le protecteur et le défenseur de ces prêtres, appelés par lui et ses prédécesseurs, et placés sous sa juridiction.

Je proteste contre l'apposition des scellés sur une porte quelconque de la maison et en particulier sur les portes de la chapelle, dont ses prédécesseurs ont autorisé l'ouverture, pour les besoins religieux de la population de ce quartier, éloigné de toutes les églises paroissiales de la ville.

Je vous avertis enfin, M. le Commissaire, ainsi que tous ceux qui prennent part à ces coupables et illégales mesures, que vous encourrez les peines graves portées par les Souverains Pontifes contre tous ceux qui édictent les lois ou décrets contre la liberté et les droits de l'Église, ou qui portent des mains violentes sur des ecclésiastiques ou des religieux.

Mais l'œuvre d'iniquité devait être accomplie malgré toutes les protestations. Tous les religieux et leurs défenseurs furent appréhendés par les agents et conduits à l'extrémité du chemin qui, de la maison des Pères, aboutissait à la route.

Enfin, les pieuses chrétiennes qui, depuis le matin, priaient dans l'humble chapelle des Pères, furent aussi expulsées et partagèrent l'honneur d'être accompagnées par les hommes de la police. En sortant elles présentèrent aux religieux des couronnes et des bouquets de fleurs.

La triste besogne fut terminée par l'apposition des scellés sur la chapelle. Les Religieux, au nombre de dix, abandonnèrent leur établissement, absolument ravagé, et, suivis de leurs amis, prirent le chemin de la ville. Pendant trois quarts d'heure, ils furent escortés par une foule d'habitués de la correctionnelle, hurlant la *Marseillaise*, « les jésuites, sac au dos ! à bas la calotte ! » et autres gentillesses dans le goût du jour. Laroudie marchait sur le flanc de la colonne, séparant les insulteurs des insultés, courant tantôt en tête, tantôt en queue, remplissant humblement mais courageusement les fonctions d'un véritable chien de garde.

Dans le parcours, les victimes des décrets furent saluées par un sergent-major d'infanterie, que les voyous aussitôt huèrent en criant : « A bas l'armée ! enlevez-le ! » Mais un spectacle plus consolant attendait le cortège aux abords de la cathédrale où il se rendit.

Près de la basilique, une foule nombreuse acclama les Pères ; chacun tint à recevoir la bénédiction des persécutés.

Après une prière faite en commun au pied du Saint-Sacrement, le R. P. Simon remercia en termes émus les amis de la dernière heure ; puis il se dirigea, suivi de ses frères, vers la maison de M. Maupetit, demeure hospitalière, qui s'ouvrit aux proscrits grande comme le cœur de ses propriétaires.

Pendant que les pauvres Franciscains se remettaient là des émotions de la journée, la police violait le domicile des Oblats.

Laroudie avait quitté les fils de Saint-François, désormais à l'abri des injures d'une bande de repris de justice salariés, pour courir chez les Oblats : il y retrouva les mêmes insulteurs et y déploya la même énergie.

Pendant que les agents enlevaient le Père B... sur son fauteuil, et le portaient au milieu des hurleurs, Laroudie jouait des poings pour protéger le religieux.

Détail touchant : lorsqu'ils furent arrivés dans la maison où se retiraient les Pères, Laroudie, qui avait administré, paraît-il, de vigoureux coups de poing, se retourna vers le religieux et lui dit :

« Maintenant que c'est fini, vous allez me confesser et me donner l'absolution, parce que je crois que je me suis mis en colère et que j'ai tapé un peu trop fort. »

Et ce disant, il se mit à genoux et commença sa confession !

Les amis des Pères Franciscains, témoins de l'expulsion, avaient remis au Commissaire central une protestation signée d'eux. Parmi les noms de ceux qui se mirent du côté des persécutés, on trouvera celui du saint ouvrier de Limoges, protestant doublement, et comme Français et comme fils de Saint-François.

Voici ces noms :

J. P. Jouhanneaud. — Alex. Maupetit. — E. Rayet. — Paul Maupetit. — P. V. Bouillaud. — Albert Pénicaud. — Maupetit. — Henri Ardant, chanoine honoraire, secrétaire de l'évêché. — **J. B. Laroudie.** — A. Malevergne de la Faye, juge suppléant au tribunal civil. — A. Lamy de la Chapelle. — J. Dorat. — P. Pourret. — L. de Comeau. — Reix. — Hyppolyte Jouhanneaud. — J. Pautou. — F. Cibot. — M. Pezaud. — J.-B. Arlet. — P. Cousseyroux, avocat. — A. Argueyrolles. — Th. de Catheu, ancien chef de cabinet du ministre de l'intérieur. — A. de Saint-Martin, marquis de Bagnac.— A. Brissaud.— A. Barbou des Courrières. — Chaisemartin. — Léon Dhéralde. — A. Thévenin. — J. Groussaud. — Henri Pouret. — Poumarède. — E. Chabrol. — Maurice Pénicaut. — Ernest Pénicaut. — Cousseyroux. — J.-B. Mazaudon.

Les Pères Franciscains, pour remercier les courageux chrétiens qui les avaient entourés et défendus en ces douloureuses circonstances, donnèrent à chacun d'eux une gravure sur laquelle ils avaient écrit quelques lignes attestant leur reconnaissance.

Nous avons trouvé dans la chambre du saint ouvrier celle qui lui avait été remise.

Elle porte la mention suivante :

A

MONSIEUR

JEAN-BAPTISTE LAROUDIE

TÉMOIGNAGE DE GRATITUDE

ET

PARTICIPATION AUX PRIÈRES DE L'ORDRE

POUR SA BIENVEILLANCE DANS

LES JOURS D'ÉPREUVE

JUIN, JUILLET 1880.

DE LA PART DES RR. PP. FRANCISCAINS

A LIMOGES.

F. Raphaël
M. Provincial.

Si dans la ville de Limoges il y avait eu beaucoup d'ouvriers comme Laroudie, les scènes que nous venons de raconter ne se seraient pas produites.

Nous allons plus loin, si la population ouvrière de la France avait eu les principes et la foi de Laroudie, jamais un gouvernement, même athée et franc-maçon, n'eût osé violer des domiciles et soulever, par cet acte indigne, la légitime colère du peuple.

Dans un pays, la moralité du peuple est la plus grande des sauvegardes.

Le pouvoir cherche son point d'appui sur les masses; si elles sont bonnes, il ne peut que le bien ; si elles sont gangrenées, il ose tout le mal.

C'est parce qu'on le sait bien qu'on s'attache tant aujourd'hui à tuer dans l'âme des enfants d'ouvriers l'idée de Dieu, l'esprit chrétien.

Il faut réagir contre ces désastreux procédés et bien rappeler au travailleur qu'il est le levier dont on se sert toujours pour remuer le pays. L'effort accompli, on jette là l'instrument et on l'oublie.

Avec des ouvriers craignant Dieu, nous aurons un jour une France riche et prospère, au sein de laquelle on pourra oublier le passé et réparer les crimes qui ne purent se commettre que grâce au mutisme et à l'inertie d'un pauvre peuple dont on avait eu le soin d'abord d'atrophier le bon sens et de surexciter ensuite les mauvaises passions.

CHAPITRE NEUVIÈME.

Maladie et mort de Laroudie.

L'ANNÉE 1888 avait été bien dure pour Laroudie ; n'ayant pas de travail, miné par son affection catarrhale, ne mangeant presque rien, ne buvant plus de vin, le pauvre ouvrier était devenu l'ombre de lui-même.

Il n'avait cependant abandonné aucune de ses œuvres.

L'année 1889, qui devait être la dernière de sa vie, lui apporta quelques soulagements.

Sa situation de santé s'était cependant bien aggravée.

Il s'en rendait compte et demandait à Dieu de le reprendre.

« Je ne puis plus travailler, » disait-il, « je ne suis plus bon à rien ; que le Bon Dieu me fasse donc la grâce de m'appeler à lui.

« J'attends la mort avec impatience. »

On le grondait d'avoir de pareilles idées, on lui reprochait de manquer de soumission à la volonté divine.

Il répondait alors :

« Que voulez vous ! Je ne demande pas mieux que de faire mon purgatoire sur la terre ; mais ce n'est pas offenser Dieu que de reconnaître qu'on ne peut plus être utile à quoi que ce soit.

« Autrefois, j'avais un pauvre vieil infirme que j'allais chercher chez lui tous les dimanches pour le conduire à la messe.

« On sera bientôt obligé de me rendre le même service.

« Ne pouvant plus gagner ma vie, je sais bien que le Bon Dieu ne me laissera pas ici. »

Il ne se trompait pas.

Vers la fin du mois de septembre 1889, il se mit un jour en route pour Solignac où il avait des parents qu'il voulait voir.

Il faisait un temps exceptionnellement chaud ; parti à pied le matin, il revint de même le soir et en fut très fatigué.

Le lendemain, il essaya d'aller travailler, mais il se sentait si mal à l'aise qu'il dut rentrer chez lui.

Le surlendemain, il se mit au lit.

A partir de ce moment, il fut pris d'une petite fièvre lente qui ne le quitta qu'à son dernier soupir.

Après deux ou trois jours, ne se trouvant pas mieux, il s'écria :

« Cette fois, je crois que c'est pour tout de bon, et que je vais aller faire le grand pèlerinage ; il s'agit de s'y préparer convenablement :

« Qu'on m'apporte mes sacrements ! »

Son excellente sœur, une chrétienne robuste, elle aussi, se rendit immédiatement à son désir et alla prévenir, à Saint-Pierre, M. l'abbé Bouillaud.

Le digne ecclésiastique s'empressa d'aller le voir.

Il lui fit comprendre qu'il n'était pas aussi bas qu'il paraissait le croire, lui prêcha la patience et lui promit que le lendemain il lui donnerait satisfaction en lui apportant d'abord la sainte communion, puis l'extrême-onction.

Ceci se passait environ deux mois avant le dénouement fatal.

A sept heures du matin, M. l'abbé Bouillaud déposait le Saint-Sacrement dans cette modeste chambre d'ouvrier, de laquelle tant d'ardentes prières étaient déjà si souvent montées au ciel.

Mademoiselle Laroudie avait préparé une petite table couverte d'une serviette, ornée de bougies et d'un grand Christ.

Lorsque la sainte hostie arriva, le malade se redressa sur son lit et reçut son Dieu dans de grands sentiments de piété.

L'Extrême-Onction lui fut alors administrée. Pendant la cérémonie, il répondait *Amen* aux prières du prêtre et lui présentait lui-même les mains et les pieds pour les onctions.

Cette cérémonie terminée, il se déclara fort heureux et dit qu'il attendait la mort avec patience et résignation.

Elle se fit désirer ; surprise qu'elle était peut-être par le courage de sa future victime, elle tarda à venir pendant de longues semaines, au cours desquelles Laroudie fut pour tous ceux qui le visitèrent un grand sujet d'édification.

Au début on avait ignoré sa maladie ; ses amis avaient bien remarqué son absence à l'église, mais n'y avaient pas pris autrement garde.

Ce fut par un des membres de la fraternité du tiers-ordre qu'on apprit qu'il était gravement atteint. A dater de ce jour, les visiteurs affluèrent autour de lui.

Laroudie recevait tout le monde avec affabilité.

Un de ses frères du tiers-ordre alla le voir un certain jour et en l'embrassant lui dit :

« Vous êtes donc malade, mon pauvre Laroudie; j'ai tenu à venir vous voir, je l'ai appris hier !

— Bonjour, mon cher frère, je vous remercie, c'est la fin, et heureusement !

— Oh ! que non !

— Eh ! ne dites pas cela ! je suis un corps usé, c'est

bien la fin ; que voudriez-vous que je reste faire sur terre ?

— Le Bon Dieu vous conservera encore à votre sœur.

— Je ne le crois pas, » répond mademoiselle Laroudie, « il est si fatigué !

— Il ne faut pas désespérer ainsi !

—Elle a bien raison, » reprend Laroudie, « loin de désespérer, j'espère ; et le plus tôt sera le mieux, maintenant que je suis en règle et que j'ai reçu mes sacrements.

— Il faut cependant vous conformer à la volonté de Dieu.

— N'ayez pas peur, je n'y manque pas.

— Avez-vous besoin de quelque chose ?

— De rien absolument, je vous remercie ; on a voulu m'envoyer du vin fin, je n'en veux pas ; que voulez-vous que j'en fasse, je prends un peu d'eau-de-vie et de sucre et, si j'ai soif, j'ai de mon vin ordinaire.

— Il est bien piqué, » hasarde mademoiselle Laroudie.

— Écoutez celle-ci ! » riposte le malade ; « piqué, piqué, et après, je le trouve très bon comme cela, je ne veux que du vin ordinaire.

— Eh bien, je vous en enverrai un litre.

— Envoyez si vous le voulez, mais ce n'est pas la peine. »

Quelques jours après on sut que Laroudie avait fait porter chez un de ses pauvres, tombé malade, les bouteilles de Bordeaux qui lui avaient été adressées.

Il existe dans les départements du centre de la France un ordre de religieuses véritablement admirable, dont la maison-mère est dans la Corrèze.

Ces saintes filles, qui portent le nom de *Petites sœurs gardes-malades*, vêtues de la bure et de la corde de

Saint-François, coiffées de la blanche cornette des filles de Saint-Vincent de Paul, vont passer les nuits près des mourants et n'ont le droit d'accepter aucune rétribution, aucune douceur.

Dès qu'un ouvrier est malade, on court les chercher; elles s'installent à son chevet et le soignent gratuitement jusqu'à son rétablissement ou sa mort.

Est-ce une femme qui a dû se mettre au lit?

Aux soins qu'elles lui prodiguent, elles ajoutent ceux du ménage, débarbouillent les enfants, font la chambre, le repas, lavent le linge, et ne demandent pas même un remerciement.

Ces anges de charité, auxquels le Bon Dieu donne des grâces d'état qui leur permettent de supporter toutes leurs fatigues, furent appelés près de Laroudie.

D'ordinaire, leur angélique dévouement touche les cœurs les plus durs, et la plupart des gens qu'elles ont soignés font appeler le prêtre avant de mourir.

Chez le saint ouvrier de Limoges, elles furent édifiées et consolées : les habitudes différaient tellement de ce qu'elles voyaient si souvent ailleurs !

Laroudie ne les réclamait pas dans la journée, mais il les voulait pour la nuit.

Tous les soirs il disait à sa sœur :

« Va chercher les petites sœurs, ce sera peut-être pour cette nuit, et je ne veux pas mourir sans qu'elles soient là. »

Tous les soirs, les sœurs venaient, passaient la nuit, et la mort tardait toujours.

Le matin, au moment où elles partaient, Laroudie leur disait :

« Voyez donc sur la commode, je crois qu'on a apporté du vin ou des raisins, vous prendrez ce qu'il y a et vous le distribuerez à vos autres malades qui en ont plus besoin que moi.

L'ordre était donné si simplement, mais avec tant de fermeté, que les petites sœurs obéissaient et faisaient profiter les malheureux de Limoges de la générosité du saint ouvrier.

Les visites continuaient à être nombreuses près de lui.

A l'une de celles que nous lui fîmes, quelques semaines avant sa mort, il nous fit part de ses dernières volontés.

Ce jour-là il était beaucoup plus fatigué.

« Eh bien, Laroudie, comment allons-nous aujourd'hui ?

— Ça va très bien, de mieux en mieux.

— Mais il me semble au contraire......

— Je m'entends, je dis que cela va très bien, précisément parce que je sens que c'est la fin qui approche.

— Il ne faut pas dire cela.

— Laissez-donc !... toutes mes précautions sont prises ; j'ai dit à l'abbé Bouillaud que je voulais être habillé par lui.... Si vous voulez venir aussi... ?

— Certainement.

— Eh bien, vous me mettrez le pantalon et la redingote que j'avais lors de mon dernier pèlerinage de Jérusalem.

— Vous savez, mon bon Laroudie, que comme tertiaire Franciscain, vous avez le droit de vous en aller revêtu du grand habit.

— C'est vrai, mais je n'ai que mon scapulaire et ma corde.

— Cela vous ferait-il plaisir d'avoir la grande tunique ?

— Certainement, mais comment faire ?

— Ne vous en inquiétez pas, je m'en charge ; nous aurons demain une réunion du discrétoire, et la fraternité se fera un plaisir et un devoir de satisfaire votre désir.

— Ah ! c'est cela, je vous en remercie bien ; demandez à mes frères qu'ils me fassent la charité de mon dernier costume. »

Quelques jours après, Laroudie recevait avec une véritable joie, une grande tunique, une grosse corde et une couronne franciscaine du grand modèle ; il posa le tout sur son lit et le fit ensuite mettre de côté en attendant le moment d'en être revêtu.

Le mal cependant faisait des progrès, il le sentait et se préoccupait beaucoup de ses obsèques.

« Et surtout, » disait-il, « pas de couronnes ! si ma société en apporte, je n'en veux pas ! le drap sur mon cercueil, et rien de plus. »

Et se retournant vers sa sœur, il ajoutait en riant :

« Celle-ci ne voulait-elle pas me mettre des bouquets dans les mains après ma mort, sous prétexte que je suis de la confrérie du rosaire ! !...... Pas plus de bouquets que de couronnes, je ne veux rien de tout cela... Ce qu'il me faut, ce sont des prières : j'en aurai bien besoin, je n'ai pas toujours été aimable, et le Bon Dieu me réserve du purgatoire, bien qu'il m'en fasse faire un peu ici avant de mourir. »

Un certain jour, nous étions allé le voir, et comme il était excessivement fatigué, nous lui disions d'offrir à Dieu toutes ses souffrances ; il nous répondit :

« Je n'y manque pas, mais je ne puis plus prier ; mes chapelets, mes *Pater* et *Ave* du tiers-ordre, tout cela est laissé de côté ; je ne peux plus dire qu'une chose :

« JÉSUS, Joseph et Marie, assistez-moi durant mon agonie !

« JÉSUS, Joseph et Marie, faites que je meure en paix en votre compagnie ! »

— Mais c'est prier cela, mon bon Laroudie, et dans votre situation c'est la meilleure des prières ! Soyez sans inquiétude, le Bon Dieu vous ouvrira bien les portes de son paradis.

— J'y compte bien ; quand depuis l'âge de 17 ans

La sainte Vierge.

on a toujours fait son devoir du mieux qu'on a pu, on a bien un peu le droit d'espérer…

— Certainement. »

Tels étaient les sentiments dans lesquels il s'en allait.

Presque toutes les semaines, M. l'abbé Bouillaud lui apportait la sainte communion et il la recevait toujours avec un bonheur extrême.

Au commencement de décembre, il dit un jour :

« Je compte bien que la sainte Vierge m'accordera la grâce de fêter au ciel son Immaculée Conception. »

Il eut une désillusion : le 8 décembre il était encore là, et son état paraissait même stationnaire.

Vers la même époque, on lui apprit qu'un autre membre de la fraternité était mort presque subitement : il y prit grand intérêt, fit son éloge et ajouta :

« Ce sera bientôt mon tour. »

Le 15 décembre son état s'aggrava très brusquement : le froid était très vif.

Monsieur l'abbé Bouillaud lui apporta une dernière fois le Bon Dieu.

Il le reçut, mais n'eut pas la force de se relever pour communier.

Peu à peu la faiblesse devint plus grande et, le 17, il tomba dans une sorte d'engourdissement, conservant cependant toute sa connaissance.

Le soir de ce jour, sa sœur, qui était très fatiguée, se coucha, le laissant sous la garde de la petite sœur. Il lui avait dit, lui-même, de ne pas se cacher derrière les rideaux comme la veille et d'aller se reposer.

Vers quatre heures du matin, le 18, la bonne religieuse réveilla Mlle Laroudie.

« Je crois que la fin approche, » lui dit-elle : « allez vite chercher M. Bouillaud. »

Mademoiselle Laroudie se leva en toute hâte, s'approcha un instant de son frère et partit.

Depuis déjà un bon moment la respiration devenait plus difficile.

Cependant il répétait faiblement les invocations :

« JÉSUS, Joseph et Marie, je vous donne mon cœur, mon esprit et ma vie !

« Mon Dieu, ayez pitié de moi !

« *Fiat voluntas tua !* »

Puis la bonne sœur lui donnait de l'eau bénite, et il faisait de lui-même le signe de la croix.

Enfin, vers quatre heures et demie, la sœur étant toute seule près de lui, il poussa un profond soupir,... un second,... puis un troisième et dernier..... C'était fini : son âme venait de comparaître devant son Créateur.

Lorsque M. Bouillaud arriva, il ne lui restait plus qu'à bénir ce pauvre corps exténué par la souffrance et les privations et à le revêtir de son costume religieux.

Aidé de la sœur et du frère de Jean-Baptiste, il lui rendit ce dernier devoir.

On étendit un grand drap sur le lit, puis la dépouille mortelle du saint ouvrier de Limoges, revêtue de la grande robe de bure des Franciscains, les reins ceints de la corde, le crucifix dans les mains jointes, les pieds nus, y fut déposée.

On alluma deux cierges, et on attendit le jour.

A sept heures du matin, nous fûmes prévenu, en arrivant à la messe à Saint-Pierre ; la nouvelle circula dans l'église, ce qui permit de faire immédiatement la sainte communion pour le cher défunt.

A la messe de huit heures, M. l'abbé Delor, curé de la paroisse, annonça cette mort aux fidèles, du haut de l'autel, dans des termes si élogieux pour le défunt, avec une telle émotion, que chacun en fut frappé.

Les visites commencèrent immédiatement et se succédèrent sans interruption auprès du corps, jusqu'au moment des obsèques.

Sur son lit, le saint ouvrier était réellement trans-figuré : sa physionomie n'était pas seulement calme, mais souriante ; il y avait autour de cette tête amaigrie comme un nimbe glorieux qui l'illuminait.

Le cachet de la sainteté était incontestablement imprimé sur ces traits et donnait à ce corps, qui était resté toujours pur, un reflet de la gloire qu'auront un jour nos corps spiritualisés.

Tous les visiteurs furent frappés de l'expression rayonnante de la physionomie de Laroudie.

Le soir du 18 et du 19, quelques membres de la fraternité vinrent réciter près du défunt l'office des morts, conformément à la louable habitude introduite par l'excellent M. Maupetit, et le 20 au matin, Jean-Baptiste fut déposé dans un modeste cercueil et porté à l'église Saint-Pierre.

Dans la journée du 19, des amis du défunt firent venir un photographe, qui prit une épreuve.

La chambre était si petite, le jour si mal ménagé, que le cliché ne fut pas réussi.

Laroudie n'avait jamais voulu se laisser photographier.

Le portrait qui figure en tête de ce livre a été fait de mémoire et à l'aide de l'épreuve prise sur le lit de mort, par un excellent professeur de dessin de Limoges, qui avait longtemps vécu près de lui et le connaissait intimement.

Le moment est arrivé, croyons-nous, de donner une idée du logement habité par Jean-Baptiste.

Il était situé au troisième étage d'une maison portant le numéro 15 du boulevard du Collège.

Au-dessus de cette pauvre chambre il n'y avait plus que le toit.

Des crucifix et des statues de saints en faisaient le seul ornement.

Au mur, on voyait quelques photographies de parents ou d'amis, des diplômes d'associations pieuses, des certificats de voyage de Terre-Sainte, le cachet de la profession du frère Jean-Baptiste au tiers-ordre de la pénitence ; le Sacré-Cœur, saint Jean-Baptiste et d'autres images de piété.

Le lit du saint ouvrier faisait face à la fenêtre. Il était entouré d'épais rideaux jaunes, formant baldaquin, comme on en voit encore dans quelques campagnes.

Le lit de Mademoiselle Laroudie était identique et placé à l'autre bout de la chambre.

Dans ces grands rideaux de serge, ils pouvaient facilement s'isoler et avaient trouvé le moyen de faire presque deux chambres à coucher dans la même pièce.

Si nous donnons ces détails, c'est pour que les ouvriers qui les liront voient combien il est facile, dans leurs pauvres logements, où trop souvent il n'y a qu'une chambre pour toute la famille, parents et enfants des deux sexes, combien il est facile, disons-nous, d'obvier à cet inconvénient d'une promiscuité trop souvent inconvenante. Quelques mètres d'étoffe sans valeur, et les lits sont isolés, chacun est chez soi.

Voici, du reste, le plan de ce pauvre logement, dans lequel, après avoir si saintement vécu, Laroudie fit une mort si douce, si consolante pour sa sœur, si édifiante pour tous.

PLAN DE LA CHAMBRE
DE
JEAN-BAPTISTE LAROUDIE

Boulevard du Collège, n° 15, Limoges.

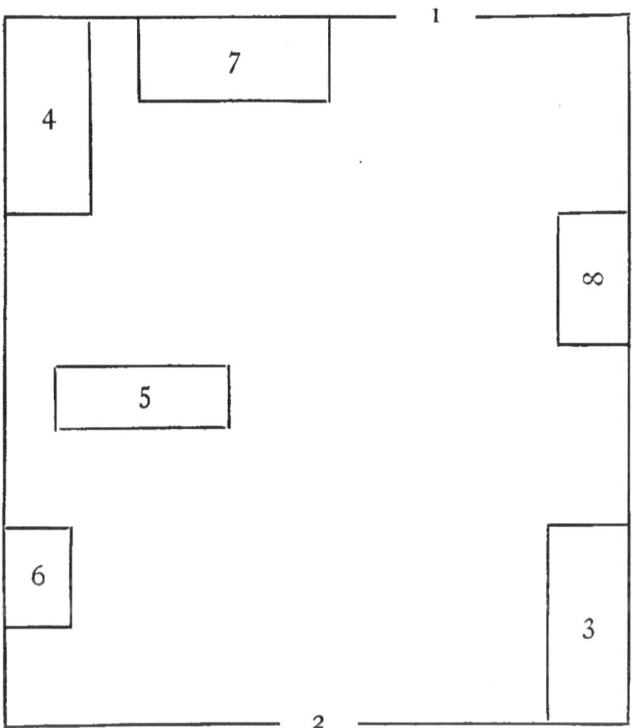

LÉGENDE.

1. Porte d'entrée donnant sur le pallier du 3e étage.
2. Petite fenêtre s'ouvrant sur le boulevard du Collège.
3. Lit dans lequel est mort Laroudie, la tête du lit regarde la fenêtre.
4. Lit de la sœur de Laroudie.
5. Table.
6. Petite cheminée surmontée d'un crucifix.
7. Commode sur laquelle était un grand Christ.
8. Autre commode sur laquelle était une grande statue en plâtre de la sainte Vierge.

Dès que la mort de Laroudie fut connue, la presse catholique de Limoges s'en occupa.

Voici dans quels termes la *Gazette du Centre*, journal conservateur, l'annonça.

C'est cet article, intitulé : **Une physionomie d'ouvrier**, qui fut envoyé à Jérusalem, au frère Évagre. Il y faisait allusion dans la lettre qu'il écrivit peu après, lettre reproduite au chapitre VI de ce volume :

Nous avons appris hier, trop tard pour en dire un mot dans notre précédent numéro, la mort d'un brave et saint ouvrier qui constituait à Limoges une véritable personnalité.

Nous voulons parler de Laroudie.

Qui, dans notre ville, et surtout dans la paroisse Saint-Pierre, n'a pas connu et admiré ce modèle des ouvriers ?

Il y en a malheureusement trop peu comme lui.

Fils d'une femme excellente à tous les points de vue, il avait, dès son enfance, reçu cette solide éducation chrétienne d'autrefois qui faisait les âmes robustes pour le bien, de fer contre le mal.

De son métier, il était mégissier ; très dur à lui-même, il apportait un soin scrupuleux à sa tâche, prévenant son patron lorsqu'il croyait ne pas avoir strictement gagné sa paie, et qu'elle lui semblait trop forte pour ce qu'il avait fait.

Tout son temps libre il le consacrait aux bonnes œuvres.

Membre des conférences de Saint-Vincent-de-Paul et du tiers-ordre de Saint-François d'Assise, il allait visiter les pauvres.

Sous sa blouse de travailleur cachant un cœur d'apôtre, il se livrait à un réel et fructueux apostolat.

Quelque temps qu'il fît, à quelque distance qu'il dût aller, dès qu'il apprenait qu'une famille n'avait pas de pain, il se mettait en route, par la pluie, par le vent, la neige ou les grosses chaleurs de l'été, et allait lui en porter.

Il ne se bornait pas à donner des secours matériels, il en prodiguait de bien plus précieux.

Dans les familles indigentes il faisait le catéchisme aux enfants, et, comme avec une rudesse tout ouvrière, il avait partout son franc parler, il ne se gênait pas pour faire un peu de morale aux parents lorsqu'il le croyait nécessaire.

On acceptait de lui ce qui eût froissé ou rebuté venant d'un autre ; il parlait en effet à ses égaux et prêchait surtout par l'exemple.

Les dimanches et fêtes, il quêtait aux offices de Saint-Pierre, sa paroisse, parcourant les rangs, serré dans son habit de cérémonie, sa longue redingote noire.

Il s'était vivement préoccupé de ses frères les ouvriers et avait organisé une société de secours mutuels sous le patronage de saint Joseph, qu'il dirigeait avec une grande énergie et un absolu dévouement.

Après quatre pèlerinages à Jérusalem, dont le souvenir faisait sa joie, dont le récit était son bonheur, il considérait son passage sur cette terre comme assez long lorsque la maladie d'épuisement, qui vient de l'emporter, le cloua sur son lit il y a deux mois.

Dès qu'il se sentit gravement atteint, il fit demander son confesseur et voulut recevoir l'extrême-onction.

Elle lui fut donnée.

Dès ce jour, il accepta ses souffrances avec une patience angélique, s'en remettant de tout entre les mains de Dieu.

Après 64 ans d'une vie exemplaire à tous les points de vue, cet homme si bon aux autres, si sévère pour lui-même, s'est éteint doucement avant-hier matin à quatre heures.

Ses traits reflètent après la mort la pureté de sa conscience.

Il est regretté de tous ceux qui l'ont connu, mais ce sont surtout les pauvres qui le pleureront.

A son convoi, qui aura lieu demain matin, ils seront nombreux ; ils viendront augmenter le nombre des amis de tout rang qui tiendront à accompagner sa dépouille mortelle.

Puisse ce concours empressé adoucir la tristesse d'une sœur dévouée et d'une famille qui, pour savoir que la séparation n'est que momentanée, ne la trouvent pas moins douloureuse.

R. F.

Deux jours après on lisait dans l'*Univers :*

Et la preuve que l'ouvrier de M. de Mun, l'ouvrier chrétien, pieux, dévoué, dur à lui-même et doux aux autres, n'est pas un être chimérique et idéal, c'est qu'on le voit, qu'on l'entend, qu'on le coudoie, hélas ! qu'on le porte en terre.

Il vient de mourir à Limoges un pauvre ouvrier mégissier, âgé de soixante-quatre ans, gagnant, lorsque le travail ne lui manquait pas, trois francs par jour. Malgré l'heure matinale et un froid intense, la haute société limousine (rien des fonctionnaires), un nombreux clergé, les membres des sociétés de Saint-Vincent de Paul, quantité d'ouvriers et d'ouvrières ont assisté, dans l'église de Saint-Pierre-du-Queyroix, aux funérailles très décentes de Jean-Baptiste Laroudie.

Dès les premières années de son adolescence, cet humble artisan s'était dévoué à toutes les œuvres sociales et chrétiennes de sa ville natale. La nécessité de gagner son pain quotidien ne l'avait pas empêché de trouver le temps de se dépenser au profit de ce prochain que le catéchisme lui avait appris à connaître et à aimer. Vêtu habituellement d'une méchante blouse bleue, chaussé de sabots, sentant le cuir qu'il travaillait,

Le Comte de Mun.

parlant avec le plus pur accent limousin un français douteux, Laroudie, sans le vouloir et y prétendre, s'était fait une auréole de simplicité, de charité et de dévouement. Que de fois il lui est arrivé de partager avec plus pauvre que lui sa soupe et son morceau de pain ! Les patronages, les cercles catholiques, l'œuvre de Saint-François Régis, la conférence de Saint-Vincent de Paul n'avaient pas un membre plus actif et plus militant.

Laroudie fit trois ou quatre fois le pèlerinage de Jérusalem, et sa piété simple et ardente s'en accrut. Avec le temps, la confiance lui était venue. Plus d'un membre de la société de Saint-Vincent de Paul, empêché par ses occupations mondaines et familiales, fit du mégissier le dispensateur de ses aumônes.

Dieu, qui avait donné à ce brave ouvrier l'intelligence du pauvre, lui avait appris que l'homme ne vit pas seulement de pain. Avec l'aumône matérielle, Laroudie glissait un sage avis, un conseil pratique, parfois un reproche rude et âpre. Tout était accepté de lui, parce qu'on savait qu'il était le premier à pratiquer la patience, la résignation et le sacrifice qu'il prêchait.

Vers quarante ans environ, on offrit à notre humble héros, loin de Limoges, une place de surveillant demandant une probité à toute épreuve. La probité était la moindre des vertus de Laroudie. Ce poste devait lui rapporter trois ou quatre fois plus qu'il ne gagnait. Il refusa net.

« Qui visitera les pauvres et les malades, dit-il, qui fera le catéchisme aux enfants des fabriques de porcelaine, qui quêtera le dimanche à l'église de Saint-Pierre, pour les pauvres âmes du purgatoire ?

On lui fit observer qu'il rencontrerait ces bonnes œuvres ailleurs. Il secoua la tête et resta à Limoges.

Certain hiver, exceptionnellement rigoureux, la mégisserie allant mal, un vicaire de Saint-Pierre s'inquiéta de Laroudie, et lui fit tenir, pour je ne sais plus quel travail, deux louis de 20 fr. au lieu de deux pièces de vingt sous. Le mégissier rapporta l'or et dit :

« Je fais l'aumône, mais je ne l'accepte pas.

— Vous êtes un vilain orgueilleux, » répondit le prêtre, « et si j'avais besoin d'un service, ce ne serait pas à vous que je le demanderais.

— Vous auriez tort, monsieur l'abbé, » répondit le mégissier, « car je vous le rendrais de grand cœur. »

Sec, maigre, asthmatique, anémié par le travail, les privations et les courses de zèle et de charité, Laroudie finit par s'aliter.

« Qu'on m'apporte *mes* sacrements ! » dit-il. *Ses* sacrements reçus, il s'arrangea sur son lit pour mourir. La mort s'est fait attendre plusieurs mois à ce juste, et ce n'est qu'après avoir subi son purgatoire, comme il disait, qu'il s'en est allé dans le sein de Dieu.

Jean GRANGE.

La *Semaine religieuse* du diocèse de Limoges, rédigée par M. l'abbé Laplagne, curé de l'église Saint-Joseph, ancien camarade de Laroudie à la *Persévérance* de l'abbé Dubreuil, publia, dans la huitaine qui suivit les obsèques, un article nécrologique fort intéressant et très remarquable. Ne voulant pas le déflorer nous avons intentionnellement omis au cours de cet ouvrage, les traits qu'il signale.

Il vaut une biographie.

Nous nous faisons un devoir de le reproduire tout entier.

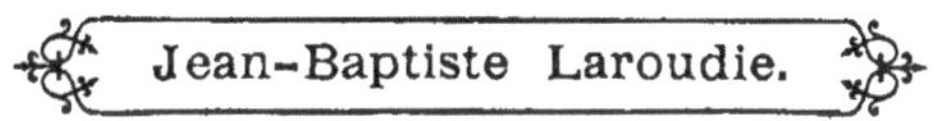

C'était un homme de forte trempe et un chrétien tout d'une pièce.

Pauvre et humble, sans grand talent, il a laissé un nom, un nom qui reste environné d'une auréole, où je vois se dessiner ces trois mots : C'était un saint !

Fils d'ouvrier, simple ouvrier lui-même, il a connu toutes les rigueurs, toutes les privations, toutes les misères qui torturent parfois la vie des ouvriers de notre temps ; il ne s'est jamais plaint : il aurait pu cent fois changer de situation, améliorer son sort, se faire au soleil une place plus fortunée, il ne l'a jamais voulu ; il est resté plus de quarante ans courbé sur la même tâche obscure : il était de ces travailleurs qui ne rongent pas un frein, mais qui savent porter une croix ; si quelquefois on put surprendre sur ses lèvres des paroles amères, ses camarades d'atelier savent bien ce qui d'ordinaire les provoquait ; dans tous les cas, elles ne visaient jamais, ni sa tâche, ni son labeur, ni ses patrons.

Ses patrons, qui l'aimaient, pourraient dire s'ils eurent jamais dans leur atelier un ouvrier plus fidèle, une âme plus loyale, un serviteur plus intègre.

Esclave du devoir, dur à la fatigue, ne comptant jamais avec le mal qui l'étreignait cruellement parfois, vivant de privations, se refusant toutes les aises, tous les adoucissements, même les plus légitimes ; parlant volontiers des malheurs des autres, ne se plaignant jamais des siens, doux et secourable pour tous, intraitable pour lui-même, il a vécu soixante ans de cette vie.

D'où venait cet homme ?... tout droit du cœur de l'Église !...

Cet homme, c'est l'ouvrier chrétien, tel que l'Église sait le façonner : mettez de côté ce qu'il y avait dans cette nature d'abrupte et de rude, oubliez cette parole qui lançait facilement des anathèmes à tout ce qui était mal ; qui était ignorante des précautions et des formes oratoires, qui appelait Judas, Judas ! et le respect humain, partout où il le rencontrait, la plus insigne des lâchetés... Sous ces formes rudes, se cachait le meilleur des cœurs.

Oui, c'était un bon cœur, tout pétri de charité, tout

fait de bonté, de compassion, de dévouement, le mot
vrai, le voici : d'héroïsme ! Je n'exagère rien, je n'écris
pas une biographie : quelqu'un, j'en ai l'espoir, le fera
un jour, je n'écris qu'un simple article nécrologique, en
mémoire d'un homme que je vénérais ; je ne puis citer
tous les faits qui me sont connus, la place me manque.
Elle sera donnée plus large à celui qui fera *le livre*.
Dans ce livre, il y aura le chapitre des *héroïsmes*, nous
tous qui avons connu Laroudie, nous fournirons des
notes.

Pour le moment, je me borne à donner l'ordre de ses
journées : c'était un ordre invariable : il se levait à
quatre heures, se mettait en prières, assistait à la messe
et se rendait à son atelier ; à midi, il faisait son apparition à son pauvre logis, prenait rapidement son maigre
repas, et partait aussitôt, le plus souvent pour aller aux
extrémités de la ville, dans nos faubourgs, faire le
catéchisme à de pauvres petits ignorants qu'il s'agissait
de préparer à la première communion.

Rentré à son atelier, il en sortait à sept heures du
soir, revenait à son troisième étage saluer sa bonne
sœur, — je n'ose pas dire faire son second repas, —
puis il repartait pour la visite de ses *malades* et de ses
pauvres, et pour aller continuer au fond d'une mansarde
ou encore dans nos faubourgs, et parfois dans la ban-
lieue de Limoges, les catéchismes commencés, jusqu'à
dix et onze heures du soir. Ce n'était pas seulement
des petits enfants qu'il conduisait à Dieu ; mais que
de familles il a *ramenées* aux pratiques chrétiennes,
que d'ouvriers lui ont dû leur salut à la dernière heure !

Je l'ai connu pendant près de cinquante ans, toujours semblable à lui-même, depuis le jour où, écolier
des Frères, répondant à l'appel du pieux abbé Dubreuil,
vers 1842, il accepta la fonction de conseiller dans le
patronage fondé à cette époque par le saint prêtre.

Plus tard, l'œuvre de Saint-François-Xavier, fondée par le vénérable abbé Jouhannaud, l'élut comme président. Plus tard encore, il fonda lui-même l'œuvre de Saint-Joseph, dont il était le président.

Membre des conférences de Saint-Vincent de Paul depuis leur fondation, du Tiers-Ordre de Saint-François et de beaucoup d'autres œuvres, ce saint ouvrier trouvait du temps pour tout, et pouvait être cité comme un modèle de fidélité aux œuvres qu'il avait promis de servir.

Je ne rappellerai que pour mémoire les quatre pèlerinages qu'il fit à Jérusalem, vrais pèlerinages de pénitence pour cet homme dont la foi était si vive, qu'il exprimait à chaque départ le désir de mourir aux lieux où son Sauveur était mort, commençant, disait-il, *sa préparation à la mort au départ de la gare de Limoges.*

Lourdes et Paray-le-Monial le revirent plusieurs fois. A ces grands pèlerinages diocésains, il se conduisait comme l'*infirmier*, voire même le *brancardier* de tous. Y avait-il un malade, il était là pour le soigner et le veiller. « Je suis chrétien, disait-il ; tous les pèlerins, de quelque pays qu'ils soient, sont mes frères... » A Lourdes, un jour, il aperçoit une vieille femme de Nantes se rendant à la gare, chargée d'un énorme paquet et pliant sous le fardeau. Vite, Laroudie va vers la pauvre vieille : « Donnez-moi votre paquet et prenez mon bras. » — C'est fait !... Dans le chemin, la pauvre femme raconte comme quoi elle a bien du malheur ; elle a perdu son billet de retour, et elle est sans le sou... « Ne pleurez pas, dit Laroudie, je vais arranger ça !... » Arrivé à la gare, il avise un groupe de pèlerins bretons, raconte le malheur de sa protégée et demande pitié pour elle. « C'est facile, répond une dame ; nous avons deux billets de retour en trop ; en voici un. » Laroudie remercie, prend le billet, le remet à la pauvre vieille, se recommande à ses prières et disparaît comme l'éclair... Voilà l'homme.

Un autre trait pour finir : un jour le bon curé de

Église de Lourdes.

Saint-Pierre fait appeler Laroudie. — « Mon ami, lui dit-il, voilà une excellente proposition qui m'est faite ; je suis bien heureux de vous la transmettre : on me demande un homme de confiance, un surveillant con-

sciencieux et dévoué pour une maison de Paris, rien à
faire que surveiller, nourriture et logement, appointe-
ments deux mille francs par an. J'ai pensé à vous, ce
sera le repos, la tranquillité, l'aisance : cela vous con-
vient-il ? — Merci, Monsieur le curé, répond Laroudie,
merci de votre paternel intérêt, mais je ne puis accepter.
Eh ! qui ferait le catéchisme à mes petits ? qui porterait
mes bons aux familles des Casseaux ?...» *Mes bons,*
c'étaient les bons de pain, que chaque semaine il distri-
buait au nom de la conférence, à ses pauvres. Il n'accepta pas : ce refus n'étonna pas le digne pasteur,
mais il l'émut jusqu'aux larmes.

Encore une fois, voilà l'homme.

Un mot sur ses derniers jours.

Telle vie, telle mort : Laroudie est mort comme il
avait vécu. Trois mois durant il est resté cloué sur son
lit. Depuis longtemps on le voyait décliner, ses amis
lui conseillaient de s'arrêter : « Non, non, disait-il, mon
heure n'est pas encore venue ; quand elle sonnera, ce
sera vite fait de moi : Dieu me donnera huit jours pour
me reconnaître, et ce sera fini... » Trois mois, au lieu de
huit jours, cela veut dire qu'il a vu venir la mort d'assez
loin, mais il l'a vue venir sans peur, car il était sans
reproche : on peut même dire qu'il a souri à la mort, et
que s'il n'avait eu la crainte d'offenser Dieu, qui est le
maître de l'heure comme il est le maître de la vie, il lui
aurait reproché de ne pas venir plus vite. Nous l'avons
vu sur son lit de souffrances, durant cet intervalle :
c'était toujours lui, trouvant qu'on le plaignait trop,
reprochant à ses amis les gâteries que leur charité faisait parvenir à sa vénérable sœur, refusant tout ou le
faisant porter en secret à ses pauvres et à ses malades... A mesure que le terme approchait, on sentait
que le brave chrétien se recueillait davantage, la lutte
était finie pour lui, il avait jeté bas les armes, c'est-à-
dire, cessé de discuter. « L'heure des discussions est

passée, nous disait-il, à notre dernière visite, il faut penser uniquement à celui qui bientôt va *discuter* ma vie, comme le dit la prose des morts je crois : *Cuncta stricte discussurus.*»

Alors un éclair de joie et de bonheur illuminait ses traits amaigris, on voyait bien que la confiance chassait la crainte : c'était la récompense qui commençait pour ce juste.

Il est mort tranquillement, doucement, comme la lampe qui s'éteint, murmurant toujours la parole si souvent redite : *Fiat voluntas tua.*

Et après sa mort, revêtu de son habit de tertiaire, il nous a paru transfiguré, on voyait sur ses traits comme le reflet d'une âme désormais bienheureuse : cette beauté d'après la mort a séduit ses amis, et l'un d'eux a voulu que l'empreinte en fût conservée.

Les funérailles de ce pauvre ont été magnifiques : j'ai vu à son convoi tous les rangs confondus ; les petits et les grands, les pauvres et les riches, les laïques et les prêtres, les religieux et les religieuses de nos communautés, tous sont venus mêler leurs prières autour de son humble cercueil.

Notre digne Évêque s'est fait représenter aux funérailles de ce brave ouvrier, et si, de l'église au cimetière, dans le long cortège qui suivait sa dépouille, on s'est permis de rompre le silence commandé aux obsèques des défunts, c'était pour faire le panégyrique de celui qui allait à sa dernière demeure de la terre, et pour rendre gloire à Dieu, qui permet que, de cette partie de la classe ouvrière, si indifférente, dans nos tristes temps, aux choses de la religion, il s'élève, de temps à autre, des personnalités qui manifestent avec éclat ce que la religion pourrait faire de l'ouvrier, si l'ouvrier, savait rester fidèle à la foi de son berceau.

J.-B. LAPLAGNE.

Enfin, M. l'abbé Marévéry, vicaire à Saint-Pierre, poète d'un réel talent, fit paraître en l'honneur de Laroudie les vers excellents qu'on va lire :

C'était un ouvrier en blouse, aux mains caleuses,
Au visage amaigri, pâle, aux orbites creuses,
Dans lesquelles brillait un œil limpide et clair,
Humble parfois, parfois ardent comme l'éclair.

Un cœur simple et vaillant battait dans sa poitrine,
Le cœur d'un vrai chrétien. Une flamme divine
Le brûlait d'un amour pur, tendre, généreux,
L'amour de JÉSUS-CHRIST, l'amour des malheureux.

Le soir, quand il avait fini sa lourde tâche
On le voyait courir vers le Dieu qui se cache,
Et, tout près de l'autel où le cierge s'éteint,
A genoux ou debout prier jusqu'au matin.

Ou bien, quand il rentrait dans sa pauvre mansarde,
Des enfants en haillons, troupe folle et bavarde,
L'attendaient, pour apprendre à dire le *Pater*,
A connaître JÉSUS, à redouter l'enfer.

L'apôtre, alors, parlait ; il parlait d'abondance,
Mal, peut-être... Qu'importe, après tout, l'éloquence ?
Et n'en avait-il pas quand, le buvant des yeux,
Tous ces pauvres petits le suivaient dans les cieux ?

Où va-t-il donc si tard, par la pluie, et si vite ?
Il se cache dans l'ombre ; on dirait qu'il évite
Les regards indiscrets... — Il va porter du pain
Et du courage à ceux qui souffrent de la faim.

Et puis il saura prendre encor, sur son salaire,
Un peu d'or pour aider l'humble missionnaire
Qui nous dit, en partant, un éternel adieu ;
Un peu d'or pour l'école où l'on parle de Dieu.

Faut-il dire sa joie et son bonheur suprême ?
Il en tressaillira jusqu'en sa tombe même,
Et son front décharné s'éclairera soudain,
Comme au bruit du combat le front du paladin.

Quand Pâques revenait, répandant sur nos plaines,
Avec l'*Alleluia*, les suaves haleines
Qui font les blés germer, les fleurs s'épanouir,
On voyait ce vaillant aussi se réjouir.

Le temps était venu du grand pèlerinage,
Et bientôt il voguait vers ce béni rivage
Où Jésus a marqué son empreinte en passant,
Et qui pleure la croix, sous le joug du croissant.

Quatre fois il foula cette terre sacrée,
Quatre fois, il baisa cette terre empourprée
Du sang d'un Dieu fait homme, et toujours, dans son cœur,
La même foi, le même amour tendre et vainqueur.

Il allait tour à tour de la Crèche au Calvaire ;
Le Golgotha, pour lui, n'avait rien de sévère,
Digne fils de François, son plus ardent désir
Était d'y demeurer, et surtout d'y mourir.

Mais Dieu le ramena dans sa terre natale,
Il y devait attendre en paix l'heure fatale......
Fatale..... qu'ai-je dit ?... S'il m'avait entendu,
Savoir, en son courroux, ce qu'il m'eût répondu

Car l'âme de ce preux était sans épouvante ;
Il appelait la mort, la fidèle servante
Des serviteurs du Christ, tout en se désolant
Qu'elle eût l'oreille dure et le pas un peu lent.

Aussi, quand il la vit approcher de sa couche,
Quel chaleureux accueil !... Non, l'avare qui touche
Son or à pleines mains, n'a pas le vif transport,
Le bonheur de cet homme à saluer la mort.

La mort, ainsi fêtée, hésita : L'huile sainte
Avait depuis longtemps coulé ; dans une étreinte
Suprême, l'ouvrier avait pressé Jésus...
Enfin, l'heure sonna : le chrétien n'était plus.

Ou plutôt il vivait plus que jamais : Son âme
Avait monté tout droit, comme monte la flamme,
Quand un vent furieux ébranle le foyer
Et qu'on voit la fumée en cercle tournoyer.

Dors ton calme sommeil, noble héros ; l'histoire
Passera dédaigneuse auprès de ta mémoire,
Moi, je dirai : « Cet homme était plus qu'un vainqueur
Plus qu'un grand conquérant, car c'était un grand cœur. »

Que si jamais poète, aux gages d'un empire
Sur le tombeau d'un prince hésita pour écrire
Un éloge banal, moi j'écris sur le tien :
« Ici gît Laroudie, un ouvrier chrétien ! »

Louis Marévéry.

Tels furent les témoignages d'estime, de vénération, qui furent donnés au saint ouvrier.

On a vu dans le compte-rendu de ses obsèques, donné à la fin de l'article de la *Semaine Religieuse*, que les fidèles de tous rangs s'étaient retrouvés à l'église, pour saluer une dernière fois ses restes mortels ; la plupart de ceux qui avaient assisté à l'office divin, montèrent jusqu'au cimetière en dépit du froid et de la distance.

C'est en arrivant au champ du repos, tandis que, derrière nous, on faisait à demi-voix l'éloge du bon Laroudie, que l'idée d'écrire sa vie nous traversa l'esprit.

Il fallut du temps pour réunir les documents, faire exécuter son portrait, mettre en un mot tout au point.

Voilà comment ce modeste opuscule n'a pu paraître que trois mois après sa mort.

Au cimetière, une dernière absoute fut donnée dans l'ancienne chapelle des Franciscains, par M. l'abbé Paul Maupetit, directeur du tiers-ordre, et on se dirigea vers la tombe.

Elle est située tout au fond du cimetière dans la partie de droite, qui donne sur l'ancienne entrée de la nécropole.

C'est là que fut déposé le corps de Jean-Baptiste Laroudie, dans la même fosse et sur le cercueil de sa sainte mère.

C'est là que ces deux bons serviteurs de Dieu attendent en paix la résurrection !

Après les dernières prières, M. Alex. Maupetit, directeur du *Cercle Catholique Saint-Etienne*, prononça à peu près les paroles suivantes :

Messieurs,

Au nom des œuvres catholiques de Limoges, on m'a prié d'adresser un dernier adieu à notre confrère Laroudie. Vous savez tous ce que fut cet ouvrier modèle, irréprochable, dur à la peine, ferme dans ses convictions chrétiennes, sans peur devant la mort.

Il a reçu de Dieu la récompense due à ses vertus : son exil est terminé ; mais nous, nous restons, et sur le bord de cette tombe nous devons trouver une grande leçon.

Ce que fut Laroudie pendant sa vie, il faut que nous le soyons tous, ouvriers et patrons.

Il faut que nous soyons des soldats du Christ, des hommes de devoir.

Prenons-en la ferme résolution ici-même, et vous, Laroudie, priez Dieu pour nous, demandez-lui de nous donner la force et l'énergie qui nous sont nécessaires ; priez-le pour tous les ouvriers de Limoges, pour tous les ouvriers de France, afin qu'après avoir été, pendant la vie, vos imitateurs, nous allions, un jour, vous rejoindre au ciel.

Au milieu de l'émotion générale, on jeta l'eau bénite et on se sépara.

Les jours qui suivirent donnèrent occasion de rappeler publiquement ce qu'avait été ce modèle d'ouvrier.

A Saint-Pierre, le jour de Noël, le prédicateur y fit une longue allusion, si transparente, que chacun le reconnut.

Jean-Baptiste Laroudie.   14

A Saint-Joseph, dans une autre circonstance, il fut encore cité comme exemple du haut de la chaire.

Ces témoignages unanimes donnent une idée de l'influence qu'avait exercée à Limoges cet obscur serviteur des pauvres, ce grand chrétien.

Comme le disait M. A. Maupetit, il est près de Dieu, il y prie certainement pour l'église qu'il aimait comme une mère ; pour la France sa patrie, pour les pauvres ses anciens amis, pour les ouvriers ses semblables. Puissent les vœux de son grand cœur être exaucés par la divine Providence.

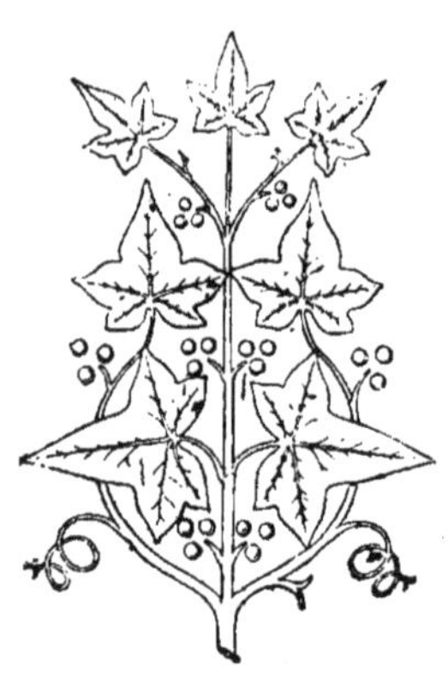

CHAPITRE DIXIÈME.

Conclusion.

PRÈS avoir lu cette vie d'un saint ouvrier français, il nous semble qu'il y a mieux à faire que de refermer le livre et de le poser dans sa bibliothèque.

Deux choses s'imposent :

1° Tirer des conclusions de ce qu'on a lu.

2° Prêter le volume à tous ses amis et connaissances.

Comme avant tout cet ouvrage a été écrit pour les ouvriers, ils ne trouveront pas mauvais que l'auteur les aide à étudier les vérités indiscutables qui ressortent de la lecture qu'ils viennent de faire.

Qu'ils se donnent la peine de regarder autour d'eux et d'arrêter leur pensée sur un ouvrier non chrétien.

Que voient-ils ?

Des choses bien tristes.

L'homme, n'étant retenu par aucun frein, a de mauvaises habitudes : s'il gagne beaucoup, il dépense davantage encore ; il veut vivre avec un certain luxe, et pour satisfaire ce goût ne peut jamais mettre un sou de côté.

Vienne une maladie, c'est la misère, la misère noire.

Les amis qui ont les mêmes idées et n'aiment pas les spectacles attristants s'éloignent.

La femme s'exténue pour trouver un peu de pain.

Si la maladie doit aller jusqu'à la mort, quelle sera la fin de cet homme qui ne croyait pas ?

Aura-t-il le temps de voir un prêtre ?

Dans quels sentiments passera-t-il ses derniers jours ?

Dans le désespoir que lui causera le souvenir d'une vie gaspillée, avec l'horrible pensée qu'il laisse une femme et des enfants sans pain.

En admettant que la maladie l'ait épargné, que deviendra-t-il lorsqu'il sera vieux et ne pourra plus travailler?

Ses enfants?

Les enfants sans principes laissent, lorsqu'ils sont grands, leurs parents dans la misère.

Si au lieu d'avoir gagné et dépensé beaucoup l'ouvrier incroyant végète, comme cela a lieu le plus souvent, dans une gêne perpétuelle, quelle vie d'enfer, dans cette maison où ne luit jamais l'espoir d'un monde meilleur et d'une récompense éternelle!

La misère, résultat de l'incrédulité et de l'inconduite inévitable là où il n'y a pas de pratique religieuse, conduira vite le malheureux à l'hôpital, si elle ne le pousse pas au suicide. Tableau sombre mais trop réel!

Le cœur de l'ouvrier non chrétien est ouvert à l'envie, à la colère, à la haine, au désespoir.

L'histoire n'est-elle pas là pour le prouver?

Ne sont-ce pas ces sentiments qui poussent de pauvres égarés à faire des révolutions, sous lesquelles, au bout d'un certain temps, ils finissent toujours par être écrasés?

Et après cette vie de luttes et de désespoirs inutiles, que se passe-t-il?

L'éternité est là qui attend sa proie. Que deviendra le malheureux qui, mis sur la terre pour adorer Dieu, l'aura toujours blasphémé?

C'est épouvantable!

Détournons nos yeux d'un pareil spectacle; étudions l'ouvrier chrétien.

On l'a vu célibataire, dans la personne de Laroudie, et on sait comment sa vie s'écoula.

Observons l'ouvrier chrétien, marié, que nous coudoyons tous les jours dans nos rues.

S'il réussit dans ses travaux, il sait, par son irréprochable conduite, se réserver un peu de bien-être pour ses vieux jours.

Ses enfants, bien élevés, seront sa consolation.

Le père et la mère, appuyés l'un sur l'autre, fortifiés par une commune foi, arriveront, dans la paix que procure une conscience pure, au jour où Dieu les rappellera à lui.

Si le travail est dur et peu rémunérateur, si dans le pauvre ménage les soucis abondent, si le pain y est rare, c'est alors que le courage donné par la pratique religieuse soutiendra les éprouvés.

Et puis, heureux ou non, croyant ou incrédule, un moment arrive où il faut mourir.

On sait ce qu'est la fin de l'impie ! La mort du juste est le soir d'un beau jour.

Adieu les épreuves, adieu la douleur, adieu la tristesse ; l'aurore d'une vie heureuse, d'un bonheur qui ne finira jamais va paraître !

Ceux qui restent ont l'espérance pour les consoler, la pensée du ciel où ils retrouveront leurs chers absents pour les soutenir.

Leur tour viendra bientôt !

Qu'est-ce que c'est qu'une vie d'homme ?

Cinquante, soixante, quatre-vingts ans ? Cela passe avec une effrayante rapidité ; et après, c'est l'éternelle gloire pour les justes, l'éternel malheur pour les ennemis de Dieu.

Sur cette terre, il est une loi à laquelle personne n'a le droit de se soustraire : c'est la loi du travail.

Le Christ a voulu la subir, il l'a fait volontairement.

Jusqu'à l'âge de trente ans il a dû gagner sa vie par un travail pénible.

Quel exemple ! quel modèle !

Eh bien, ouvriers, il s'agit de savoir si vous voulez

accepter en chrétiens la loi du travail ou la subir **en** révoltés.

La vie de Laroudie vous a montré quelle est la grandeur, l'autorité de celui qui se modèle sur JÉSUS-CHRIST.

L'hésitation n'est pas possible.

Quant aux patrons, leur fortune est une charge, leur situation une mission donnée par Dieu.

Incroyants, ils tâchent de gagner beaucoup en donnant peu ; c'est de l'exploitation et le retour à l'esclavage du monde païen. C'est l'oppression du fort par le faible. Chrétiens, ils savent que la justice leur impose d'imprescriptibles devoirs et ils deviennent les amis, les soutiens, les pères de ceux qu'ils emploient.

Hors du christianisme la question sociale est insoluble.

Nous voudrions que la lecture de cette vie d'ouvrier, dans laquelle on trouve aussi les noms et les exemples de patrons chrétiens, comprenant et accomplissant leurs devoirs, fît bien entrer dans les esprits cette certitude que la piété c'est le bonheur.

C'est le bonheur en ce monde, car elle procure à tous la considération, l'estime, le respect, en même temps que le calme et la force que donne une bonne conscience.

C'est le bonheur pour toujours, car JÉSUS réserve à tous ceux qui l'aiment une place près de lui dans la gloire.

Laroudie en a donné la preuve ; ouvriers et patrons tâchons de l'imiter.

Appel aux femmes chrétiennes.

A LA suite de la vie de Laroudie, — le saint ouvrier qui catéchisa tant d'enfants pauvres, — dans ce livre écrit pour les ouvriers de France, nous ne croyons pas inutile de parler d'une œuvre organisée depuis quelques années dans un grand nombre de villes, mais qui n'existe pas dans les campagnes, où il faut cependant essayer de l'établir.

C'est l'œuvre *des petits catéchismes* ou de la *conservation de la foi.*

Le nombre des pauvres enfants d'ouvriers qui arrivent à leur première communion (quand ils la font) sans avoir jamais fait le signe de la croix est incalculable.

Quelle triste génération on nous prépare là !

Il faut absolument y remédier, s'organiser et retenir les enfants en les intéressant.

A la ville, on a essayé de le faire, on y a mis quelquefois beaucoup d'argent et l'on n'a pas toujours réussi.

Le problème à résoudre est moins compliqué cependant qu'on ne le croit ; l'essentiel est d'abord de faire beaucoup de bien et beaucoup de choses avec peu.

Multa paucis, telle doit être la devise de l'œuvre.

Pour cela, il faut se sentir les coudes, il faut pour ainsi dire une direction.

Messieurs les ecclésiastiques ont leur grand catéchisme, leur ministère, et il ne leur est pas possible de s'occuper activement de tous ces petits détails.

C'est donc aux laïques que cette tâche incombe.

En s'y appliquant, ces laïques obéiront à la lettre de l'Encyclique de Léon XIII sur les devoirs des catholiques et entreront dans l'esprit de l'Église et de l'Évangile, qui veulent que nous soyons tous des apôtres et que nous travaillions au salut les uns des autres.

Incessamment va paraître un *Petit bulletin de l'œuvre de la conservation de la foi*. Il sera mensuel et ne coûtera qu'*un franc* par an.

Tous les mois, il portera dans les diocèses du Nord les efforts faits dans ceux du Midi, et réciproquement.

Il sera le trait d'union de tous les zélateurs de l'œuvre.

Tous les mois, il indiquera les moyens les plus propres à intéresser, à retenir les enfants.

Tous les mois, il donnera la matière d'une lecture attachante qui sera faite aux enfants pour couper la leçon de catéchisme.

Tous les mois, quand ses ressources le lui permettront, il donnera de belles gravures religieuses dont on pourra faire un album à la fin de l'année.

Enfin, tous les mois, il indiquera le moyen d'organiser sans frais des fêtes pour récompenser les enfants.

Pour que cette œuvre réussisse, il importe que dans chaque diocèse il y ait un zélateur avec lequel le rédacteur du *Bulletin* sera en correspondance.

Nous prions MM. les directeurs des Cercles catholiques d'ouvriers de vouloir bien être ce correspondant, ou de nous en indiquer un.

Nous supplions les femmes de cœur qui ont des enfants chrétiens, de penser aux pauvres petits qui ne savent même pas ce que c'est que le Bon Dieu, et nous leur demandons de se faire les zélatrices de l'œuvre, de copier ces quelques pages, de les envoyer dans les paroisses où elles ont des amies, de façon à ce que l'œuvre s'y organise.

Voici les beaux jours, on va courir à la campagne, il faut, lorsqu'on regagnera la ville en novembre, qu'on laisse près de l'église du village l'œuvre fonctionnant bien.

Il serait bon que dans chaque paroisse on trouvât deux zélatrices, prises, si c'est possible, parmi les jeunes filles du pays, ayant fait partie de la congrégation des enfants de Marie.

L'une s'occuperait des petites filles, l'autre des petits garçons.

Cette dernière aura besoin de plus d'énergie que la première.

Mais l'impulsion doit surtout venir du château, de la maison de campagne : c'est de là qu'on dirigera sûrement et sérieusement la zélatrice campagnarde ; c'est là qu'elle devra trouver un appui moral, des encouragements et un soutien.

La première chose à faire sera de réunir les enfants toujours au même local, chez la zélatrice par exemple.

La réunion aura lieu le dimanche après vêpres.

Le bulletin mensuel indiquera le moyen d'intéresser, d'instruire, de récompenser les enfants.

Il s'occupera en même temps de l'œuvre organisée déjà dans les villes.

L'important pour le moment est de lire ce qui suit, de le répandre et de répondre aux questions posées.

Œuvre de la conservation de la foi.

Laissez venir à moi les
petits enfants.

DANS plusieurs grandes villes, cette œuvre, plus connue sous le nom de l'*Apostolat des enfants*, ou de l'*Œuvre des petits catéchismes*, a été organisée.

Là elle fonctionne bien, là elle périclite.

Dans les campagnes, elle n'existe pour ainsi dire pas.

Plus que jamais, il est nécessaire d'unir et d'organiser les bonnes volontés des femmes de cœur qui se dépensent pour sauver ces milliers d'âmes d'enfants que convoitent les ennemis de Dieu.

Nous supplions les personnes qui lisent ces lignes de vouloir bien envoyer à l'adresse ci-dessous les renseignements suivants :

1º Dans votre ville l'œuvre existe-t-elle ?

2º Existe-t-elle dans toutes les paroisses ?

3º Donner le nom et l'adresse de l'une des dames qui s'en occupent dans chaque paroisse.

4º Si l'œuvre n'existe pas, donner le nom et l'adresse d'une personne pieuse, susceptible de recevoir les renseignements nécessaires pour l'organiser.

Prière de dire tous les jours pour le succès de l'œuvre et aux intentions des zélateurs et zélatrices : un *Ave Maria* avec les invocations :

Sacré-Cœur de Jésus, ayez pitié de nous !

Saint Joseph, gardien de l'enfant Jésus, priez pour nous !

Bienheureux Jean-Baptiste de la Salle, intercédez pour nous !

Un bulletin de l'œuvre va paraître : il sera mensuel et ne coûtera qu'un franc par an.

En envoyant les renseignements demandés ci-dessus, on peut aussi donner son adhésion au bulletin.

Indiquer combien on veut en recevoir de numéros tous les mois pour le répandre dans toutes les paroisses du diocèse.

N. B. — Adresser immédiatement ces renseignements à M. des Fourniels, 25, Avenue du Crucifix, à Limoges.

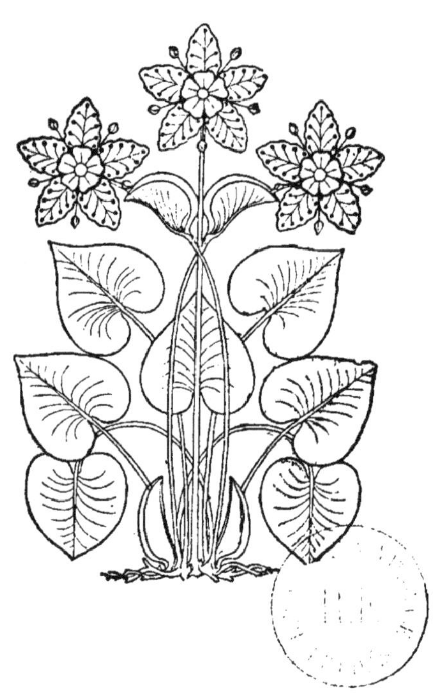

TABLE DES MATIÈRES.

Pages.

Imprimé par la Société Saint-Augustin, Desclée, De Brouwer et Cie